STEFANIE MANN

»DIE FRAU MÜLLER HAT MIR SCHON WIEDER DIE ZÄHNE GEKLAUT!«

Aus dem bewegten Leben einer Altenpflegerin

Aufgeschrieben von Carina Heer

Wilhelm Heyne Verlag
München

Verlagsgruppe Random House FSC° N001967

3. Auflage
Originalausgabe 05/2015

Copyright © by Wilhelm Heyne Verlag, München,
in der Verlagsgruppe Random House GmbH
Redaktion: Angelika Lieke
Umschlaggestaltung: Nele Schütz Design
Satz: EDV-Fotosatz Huber/Verlagsservice G. Pfeifer, Germering
Druck und Bindung: GGP Media GmbH, Pößneck
Printed in Germany
ISBN: 978-3-453-60336-3

www.heyne.de

*Für alle Altenpflegerinnen und Altenpfleger
und für alle, die es werden wollen.*

*(Nach der Lektüre dieses Buches
hoffentlich viele mehr!)*

Orte, Namen und Ereignisse wurden geändert,
um Persönlichkeitsrechte zu wahren.
Ähnlichkeiten mit realen Personen sind reiner Zufall.

INHALT

Und das an meinem Geburtstag! 9

Guten Morgen, liebe Sorgen 14

Bleib mir bloß weg mit dem Altenheim! 32

»Die Frau Müller hat mir schon wieder die
Zähne geklaut!« 48

Wunden – jetzt nur nicht schwächeln 63

Trari-Trara, der Friseur ist da! 84

Berta, das »Luder« 98

Einer flog über das Kuckucksnest 113

Liebe in Zeiten der Altersdemenz 127

O Tannenbaum! 141

Leb wohl und auf Wiedersehen! 151

Späte Einsicht 169

Es lebe die Freiheit? 176

Wer solche Kollegen hat 191

Fröhliche Weihnacht überall 203

Ein Mädchen fürs Grobe 218

Und ein glückseliges neues Jahr! 226

Das Ende 236

Nachwort 245

Glossar 247

UND DAS AN MEINEM GEBURTSTAG!

Morgens, halb sieben in Deutschland. Noch eine schnelle Zigarette im Auto, bevor ich im strömenden Regen das Altenheim Frankenruh am Fuße des Staffelberges erreiche. Kaffee gibt es später mit den Senioren. Allerdings erst, wenn ich meine zwölf Bewohner, so nennt man die alten Leute bei uns, geweckt, gewaschen und angezogen habe und alle Zähne geputzt sind – insofern gewünscht, denn so manch einer weigert sich hartnäckig. Ein Bewohner hat sich sogar über Wochen hinweg dagegen gesperrt. Um zu vermeiden, dass er aus dem Mund wie aus einer anderen zentralen Körperöffnung riecht, habe ich ihn mit sanftem Druck dazu bewegt, jeden Morgen zumindest mit Mundwasser zu gurgeln. Den harten Mann vom alten Schlag erinnerte der Geschmack des scharfen Zeugs allerdings anscheinend so sehr an Slibowitz, dass er es jedes Mal nur ungern wieder ausspuckte.

Ich bin fünfundzwanzig und nun seit fast fünf Jahren Altenpflegerin, seit zwei Jahren inzwischen in der Frankenruh, und heute außergewöhnlich schlecht gelaunt.

Nach zehn Tagen durchgehendem Dienst mit einer perversen Mischung aus Spät- und Frühschicht bin ich ein kleines bisschen genervt. Ich hatte mir eigentlich freigenommen – denn heute ist mein Geburtstag. Wohlweislich habe ich mich gestern nicht zum Reinfeiern hinreißen lassen – eine gute Entscheidung, wie mir der Anruf heute Morgen um 5 Uhr bestätigt:

»Anja hat sich eben krankgemeldet, kannst du heute ihre Frühschicht übernehmen, Steffi? Bitte, wir wissen wirklich nicht, was wir sonst tun sollen!«

Und so stehe ich nun hier auf dem Parkplatz der Frankenruh – müde und genervt – und nehme einen letzten Zug. Und das an meinem Geburtstag! In der Werbung (der Neunziger zumindest, in denen ich aufgewachsen bin) würde jetzt eine liebe Pflegedienstleitung an mein Auto treten, »Happy birthday to you« hauchen und mir ein Yes-Törtchen mit einer Kerze darauf überreichen. Unsere PDL liegt allerdings sicherlich noch im Bett – denn natürlich springt nicht die Führung in die Bresche, wenn Not am Mann ist. Das machen die Galeerensklaven in den unteren Etagen – zum Beispiel ich.

Ich trete meine Kippe aus, bevor ich mich an die Arbeit mache, die inzwischen meine Berufung geworden ist. Denn verstehen Sie mich nicht falsch: Ich habe als Pflegefachkraft in einem Altenheim meinen Traumberuf gefunden – obwohl ich im Augenblick tatsächlich als übermüdetes, fluchendes Rumpelstilzchen in die Frankenruh stampfe. Nach der mittleren Reife habe ich zunächst einmal eine Ausbildung zur Kfz-Lackiererin gemacht, inzwischen habe ich allerdings erkannt, dass mir Menschen weitaus wichtiger sind als Blechkisten. Ich kann mich nicht erinnern, dass ein Auto, dessen Dellen ich verspachtelt habe, sich je mit den Worten »Schön, dass es dich gibt, Schwester Steffi!« bedankt hätte. Dennoch ist die Liebe zum Altmetall aus dieser Zeit geblieben, was schon so manchen Bewohner zu dem entsetzten Ausruf veranlasst hat: »Wieso hast du denn silberne Popel?« Von ersten Irritationen abgesehen, stören meine Piercings die Alten aber gar nicht. (Sehen Sie, ich gehe jetzt einmal vom offiziösen »Bewohner« weg, denn das sind sie ja auch: Alte, ohne jeden abfälligen Beiklang. Die »Jungen«, also die um die fünfzig, die wegen Schlaganfall, Unfall und Ähnlichem pflegebedürftig geworden sind und bei uns landen, sind höchst selten. Bitte verpfeifen Sie mich also nicht!) Da sorgt schon eher meine etwas burschikose Art für Verwirrung. So ist mir schon manches mehr als zweifelhafte Lob zuteil geworden, zum Beispiel von Johann, der sich am liebsten mit »Obergefreiter Johann« anreden lassen würde, was ich natürlich tunlichst unterlasse:

»Jungs wie dich brauchen wir bei der Reichswehr!«

»Ähm, ich bin eine Mädchen!«

»Na, dann bekommste eben Kinder und kriegst von unserem Führer das Mutterkreuz!«

In diesem Sinne: Gelobt sei, was hart macht, und ran an die Arbeit!

Ich bringe meine Tasche in die Umkleide und verlasse den Raum so schnell wie möglich wieder. Es stinkt nach Morgenmock und Käsefüßen – Gesundheitsgummilatschen sind zwar bequem, die Füße riechen dadurch allerdings nicht besser. Ich eile weiter ins Schwesternzimmer und werfe einen kurzen Blick in die Übergabe, um mich auf meine Schicht vorzubereiten, da fällt mein Blick auf den mit leeren, gammeligen Kaffeetassen vollgestellten Tisch, auf dem auch kreuz und quer die Bewohnerdokumentationen liegen.

Dokumentationen sind Mappen, in denen das Pflegepersonal minutiös notieren muss, was Bewohner XY zu sich genommen, verdaut und wieder ausgeschieden hat. Und natürlich auch, in welcher Farbe und Konsistenz. Was ich sehe, überrascht mich: Johann Gruber aus der Blume 1 (Flure heißen bei uns zum Beispiel »Blumenstraße« - also wohnt Johann Gruber im ersten Zimmer in »Blume 1«) hat gestern 2000 Milliliter getrunken? Bei mir schafft er gerade mal 900 – Pflicht sind im Normalfall etwa 1500 pro Tag –, sodass ich immer wieder den Arzt holen muss oder ihn auch mal an den Tropf hänge, um ihn nicht austrocknen zu lassen. Komisch. Wie die anderen das nur schaffen ...

Aber Schluss jetzt, Miss Marple, fertig angezogen mache ich mich auf den Weg zu Gerd (ab 70 wird geduzt – ich lass mich ja auch mit »Schwester Steffi« und mit Du anreden! Und auf Respekt, der sich nur in der Ansprache ausdrückt, kann man sowieso verzichten – wobei ich natürlich schon vorsichtig vorfühle, ob das den Leuten auch recht ist), einem meiner Dementen und ein ganz Lieber. Während er geistig nicht mehr ganz fit ist und zu äußerst überraschenden Aktionen neigt, ist er körperlich voll da. Er kann noch alleine aufstehen, beim Waschen braucht er allerdings Unterstützung.

Nun sitzt er also schon auf seinem Bett, die dürren Beine baumeln über die Bettkante, und hinter seinen immer noch riesigen Maurerhänden hält er offensichtlich mehr schlecht als recht einen Teller verborgen. Als ich mit einem fröhlichen »Guten Morgen« eintrete, gleitet er vom Bett, stakst mir entgegen und streckt mir mit glänzenden Augen den Teller hin, auf dem als perfekte Schnecke Gerds morgendlicher Stuhlgang in zartem Olivgrün liegt:

»Da, mei Mad, für dich!«

Und das an meinem Geburtstag!

»O nein, Gerd!«

GUTEN MORGEN, LIEBE SORGEN

Eigentlich hätte ich es mir ja denken können. Für die erfahrene Altenpflegerin ist manchmal schon bei geschlossener Tür zu erkennen, was der Tag wieder so an Überraschungen für sie bereithält – für den erfahrenen Altenpfleger natürlich auch. (Ich sag jetzt hier trotzdem einfach mal Altenpflegerin. Frauen sind ja doch in diesem Beruf eindeutig in der Überzahl. Dabei könnten die körperlichen Belastungen, die diese Tätigkeit mit sich bringt, sicherlich viel besser von einem Mannsbild mit einem Kreuz so breit wie eine Tür ausgehalten werden. Aber die Bezahlung ist schlecht, da ist es nur folgerichtig, dass die bessere Hälfte der Weltbevölkerung in diesem Beruf arbeitet.)

Nun, hätte ich meine Nasenlöcher offen gehalten, dann hätte ich sicherlich schon am Geruch erkennen können, dass Gerd mir mal wieder ein ganz besonderes Geschenk machen möchte. Dass ich nicht vorgewarnt war, lag wohl daran, dass ich in Gedanken noch immer mit meinem Schicksal gehadert habe. So krass wie heute hat es mich nur selten erwischt: Um 5 Uhr angerufen zu werden, ist dann doch eher die Ausnahme. Ich hatte mir für den Vortag extra Frühschicht geben lassen und für den Tag nach meinem Geburtstag Spätschicht, sodass ich fast 48 Stunden frei gehabt hätte – na ja, Pech gehabt. Wenn eines in unserem Job sicher ist, dann die Tatsache, dass man sich auf seine Dienstpläne nie wirklich verlassen kann. Dabei hatte mir der freie Tag sowieso zugestanden, und zwar als Ausgleich für Mariä Himmelfahrt, den 15. August, an dem ich auch gearbeitet habe, übrigens wieder als Ersatz.

Für jeden Feiertag und Sonntag, an dem man arbeitet, steht einer Pflegekraft nämlich ein freier Tag zu. Bei einem Sonntag muss der Ausgleich innerhalb von zwei Wochen erfolgen, bei einem Feiertag innerhalb von acht Wochen. Wir haben jetzt Anfang Oktober. So viel dazu. Aber was beklage ich mich überhaupt noch? So oft, wie hier mal geschoben und da getauscht wird, hat sowieso keiner mehr den Überblick. Den Begriff »Wochenende« kennen wir in der Pflege sowieso nicht, weshalb viele meiner Freunde häufig ziemlich angepisst sind, wenn ich für langfristige Wochenendplanungen nicht zu haben bin. Bezeichnenderweise müssen wir laut Gesetz auch nur fünfzehn Sonntage im Jahr freihaben. Aber genug gejammert. Jetzt heißt es ackern bis halb zwei – und eigentlich war es ja doch eine ganz nette Überraschung.

»Vielen Dank, Gerd. Das ist lieb von dir! Das nehm ich gleich mal mit!«

Ich drücke ihm einen dicken Schmatzer auf seine trockene Wange, die ganz zart nach Kölnisch Wasser duftet, und werfe danach ein bisschen wehmütig die wirklich sehr schöne Wurst in die Toilette, wo sie hingehört.

Jetzt ist detektivisches Geschick gefragt. Was muss alles gereinigt und gewaschen werden? Normalerweise müsste ich hier nur auf den Pflegeplan zurückgreifen, in dem genau steht, welche »Dienstleistungen« an welchem Bewohner erbracht werden müssen. Säuberlich aufgelistet findet sich hier alles, von der Körper-, Haar- und Zahnpflege über den Toilettengang bis zum richtigen Umgang mit den Alten. *Frau Huber ist dement und derzeit auf dem Stand ihres 12-jährigen Ich. Sie wird daher mit Franziska angesprochen.* Sogar das *Betreten des Raumes und Begrüßen des Bewohners* ist hier genauestens festgehalten. Lachen Sie nicht! Für manche rüpelhafte Pflegerin ist das ein wichtiger Hinweis. Außerdem können sich neue Kollegen mithilfe des Pflegeplans optimal auf die jeweiligen Bewohner einstellen, bei einer mündlichen Übergabe können schließlich viele Informationen verloren gehen. Mit dem Plan fällt nichts unter den Tisch. Wenn man sich allerdings wie ich schon seit über zwei Jahren annähernd jeden Morgen um Gerd kümmert, ist man auf diesen Plan nicht mehr angewiesen, außer Gerd bekommt mal wieder ein neues Pülverchen, das vor Dienstbeginn für ihn vorbereitet werden muss.

Das ist aber nur der normale Ablauf. Nach dem Törtchen-Zwischenfall ist mir klar, dass es heute mit dem Standardprogramm nicht getan ist. Auch nachdem ich die Wurst in der Toilette versenkt habe, erkenne ich am Geruch in der Luft, dass hier noch etwas im Busch ist. Gleich auf den ersten Blick sehe ich, dass Gerd sich nicht eingestuhlt hat, direkt aus der Unterhose hat er sich mein Geschenk also nicht geholt. Dann hat er es wohl doch noch bis zum Klo geschafft und das Meisterstück aus der Schüssel gefischt.

Ich triumphiere, als die eindeutigen Spuren am Boden um die Toilette herum meine Vermutung bestätigen. Jetzt ist die Sache leicht – da heißt es einfach nur logisch vorgehen. Demente sind ja keine Verrückten, die plötzlich anfangen, expressionistische Gemälde mit ihrem Stuhlgang an die Wand zu schmieren. Nein, auch Gerd hat sich ganz »normal« verhalten. Nachdem er die Wurst aus der Schüssel gefischt hat, hat er sie erst mal in sein Zimmer getragen, auf dem Teller, der auf dem Tisch stand, abgelegt, sich dann mit beiden Händen auf der Tischplatte abgestützt und zuletzt die Hände an seinem Nachthemd abgewischt. Ich weiß also, wo ich putzen muss. Beim letzten Mal hatte er mir sein Geschenk noch liebevoll in Servietten eingewickelt, seine Suche im Schrank und sein Basteln auf dem Tisch hatten weit größere Spuren hinterlassen. Heute geht es dagegen etwas schneller mit dem Saubermachen.

Nachdem ich Gerd dann auch noch die letzten Spuren seiner Überraschung unter den Fingernägeln hervorgekratzt habe, hebe ich noch einmal schnüffelnd den Kopf. Der Profi erkennt so schnell, ob ein Zimmer »dekontaminiert« ist oder nicht. Nur noch ein Hauch von Shampoo und Kölnisch Wasser in der Luft. Alles bestens also – und ich bin erleichtert. Wir hatten vor einiger Zeit einen Fall, bei dem wir die Quelle des Gestanks einfach nicht ausfindig machen konnten. Zwei Helfer habe ich, sage und schreibe, eine Stunde danach suchen lassen – gefunden haben die beiden nichts. Nun, was soll man machen? Nach zwei Tagen hört es dann auf zu stinken, und so findet man manchmal erst nach einem Todesfall die Hinterlassenschaften an den versteckten Stellen. In diesem Fall hatte die Bewohnerin Stuhlgang an die Unterseite einer Schublade geschmiert. Da soll erst mal einer drauf kommen.

Während der gesamten Prozedur hat Gerd gut gelaunt vor sich hin gegrinst, und wir haben uns darüber unterhalten, was es heute hoffentlich zu essen gibt. Das ist das Schöne an den Dementen: Ihnen ist häufig nicht bewusst, wenn sie etwas falsch gemacht haben. Wesentlich schlimmer ist es da für die, die eigentlich noch voll da sind, aber nicht anders konnten und sich dann furchtbar schämen. Die typische Ausgangssituation bei solchen Fällen ist eine normale Verstopfung. Wenn drei Tage nichts ging, gibt es Lactulose oder ein Zäpfchen. Das putzt ordentlich durch und verschafft Erleichterung, wenn es mal nicht mehr wie früher geht: »Also, ich versteh das nicht. Früher ging des einwandfrei. Und heut ist's, als ob'sd 'nen Backstein rausdrücken möchtest!«

Nun ja, durch die Abführmaßnahme geht es dann doch manchmal etwas zu zügig: »Schwester, ich war dreimal aufm Klo, aber jetzt ... jetzt ist es gekommen ... so schnell kann man gar nicht sein. Mensch, das tut mir jetzt echt leid!«

Aber, wie ich gerne sage: Kein Grund, sich (Achtung! Schenkelklopferalarm!) ins Hemd zu machen, dafür bin ja ich da. »Was raus muss, muss raus, Frau Huber. Ich mach das ja gerne.«

Einfach locker mit der Situation umgehen, dann braucht sich niemand schämen, und das Malheur ist gleich behoben.

Wobei es mir schon das Herz zerreißt, wenn das Geschäft bei jemandem, der eigentlich noch gut in Schuss ist, danebengeht und er dann versucht, das Ganze allein wegzuputzen, sich dabei dann selber schmutzig macht, das Waschbecken verstopft und das Ganze nur noch viel weiter auf dem Boden verschmiert. Oder aber, wenn er zwar alles sauber bekommt, vorher jedoch mit den Hausschuhen reingetreten ist und dann doch alles im Zimmer verteilt.

»Ach, Schwester Steffi, ich schäm mich so.«

Aber dafür gibt's keinen Grund, und schon bin ich auf allen vieren und habe ruck, zuck alles beseitigt. Ein kleiner Tipp für alle, die jemanden zu Hause pflegen: Um festgetrocknete Kotreste von der Haut zu entfernen, hilft am besten Babyöl. Wenn meine Bewohner dann wieder sauber und duftig vor mir sitzen, dann weiß ich, weshalb ich mich für diesen Beruf entschieden habe:

»Danke Schwester... jetzt fühl ich mich wieder richtig gut!«

Gerd wirft mir eine Kusshand zu, als ich die Tür hinter mir zuziehe. Ich hätte gern noch ein bisschen mit ihm geplaudert, aber die Zeit läuft, und durch das Geschenk-Intermezzo bin ich etwas im Verzug. Bis zum Frühstück um 8 Uhr ist nicht viel Zeit, und wir, das heißt die anderen Fachkräfte, die Pflegehelfer und ich, müssen bis dahin alle »Fitten« gewaschen, gekämmt, rasiert (auch die Damen; wobei manche ja behaupten, es läge an meiner Rasiererei, dass sie mit achtzig einen stärkeren Bartwuchs haben als ein Zwanzigjähriger) und angezogen haben.

Die »Fitten« sind alle, die noch laufen oder sich alleine im Rollstuhl fortbewegen können. Darunter fallen also paradoxerweise häufig auch die schwer Dementen. Die zeichnen sich nämlich durch einen ungeheuren Bewegungsdrang aus, der manchmal gar nicht zu stoppen ist. Während einige Bewohner zum Beispiel extra um ein Bettgitter bitten, weil sie Angst haben, nachts aus dem Bett zu fallen (sie müssen dieser »freiheitsentziehenden Maßnahme« sogar schriftlich zustimmen), muss bei Dementen auf jeden Fall auf solche Gitter verzichtet werden, sonst versuchen sie, in der Nacht womöglich darüber zu klettern und brechen sich den Hals.

Wer bettlägerig ist, kommt nur, wenn genügend Zeit ist, vor dem Frühstück dran. Andernfalls kümmern wir uns danach um ihn. Die Zeit zwischen Frühstück und Mittagessen – eine Zwischenmahlzeit gibt es häufig auch noch – ist mit Katheterwechseln, Toilettengängen, Arzttelefonaten und vielem mehr auch kein Zuckerschlecken, daher gehe ich schnell ins nächste Zimmer.

Hört sich stressig an? Ist es – klar. Allerdings habe ich vor einiger Zeit auch in der ambulanten Pflege gearbeitet, das ist dann doch noch etwas krasser. Dort gibt es einen sehr strengen, detaillierten Zeitplan und feste Zeiten, zu denen man bei den Leuten sein muss. Da lass dann mal Glatteis sein, oder ein eigentlich Fitter stuhlt sich überraschend ein, und du brauchst zwanzig Minuten länger als sonst. Dann bekommst du beim Nächsten ordentlich eins auf den Deckel – denn die Alten sind durchaus nicht alle nett und anschmiegsam und dankbar, dass jemand vorbeikommt. Ist die Zeit knapp, wird das übliche Programm nur heruntergerissen – und der menschliche Kontakt muss warten bis zum nächsten Tag. Wenn es dagegen im Heim mal schnell gehen muss und ich kaum Zeit für ein paar nette Worte finde, dann stecke ich einfach am frühen Vormittag mal den Kopf ins Zimmer und halte einen kleinen Plausch:

»Berta, was machst du denn?«
»Alles klar bei den Damen?«
»Schmeckt's dir, Gerd?«
»Gut schaust heute aus!«
»Läuft nichts Anständiges im Fernsehen, Franz?«
Das hebt doch gleich die Stimmung.

Bei der Frankenruh handelt es sich noch um ein Altenheim der älteren Bauart. Manchmal vielleicht nicht ganz so funktional und standardisiert, dafür sehr charmant. Das ist auch der Grund, weshalb hier nicht alle Zimmer eine Einheitsgröße haben. Es gibt auch einige Einzelzimmer, die man – wenn eines frei ist – nach Preisaufschlag oder aus Kulanz vonseiten der Heimleitung erhält. Kulanz – nicht dem Bewohner gegenüber, sondern seinen potenziellen Zimmergenossen. Giftspritzen und Stinker gehören zum Beispiel zu dieser Gruppe, mit der man andere nicht unbedingt ins Zimmer steckt. Nun raten Sie mal, zu welcher Gruppe Gerd gehört.

Im Gegensatz zu Gerd sind meine nächsten beiden Bewohner, Sophie und Berta, in einem Doppelzimmer untergebracht. Die demente Sophie stammt ursprünglich aus Polen, lebt aber jetzt schon seit über sechzig Jahren in Franken. Sie ist eine kleine, zerbrechliche Frau, zusammengeschrumpelt wie eine Rosine und genauso zuckersüß. Obwohl ihre Haut schon ganz durchscheinend ist, hat sie noch feuerrote Haare, die ich ihr, wenn ich Zeit habe, hochstecke, damit sie aussieht wie eine adelige Dame. Berta dagegen ist robust und fit wie ein Turnschuh und sieht neben der kleinen Sophie aus wie eine Walküre. Brüste so groß wie Melonen und ein Hintern so breit, dass mir schon vor der Zeit graut, wenn sie nicht mehr allein auf die Toilette kommt und ich ihr die Vorlagen wechseln muss (Vorlagen sind so eine Art Einlage; im Gegensatz zu Windeln – die im Altenheim aber »geschlossenes System« heißen – kann man sie seitlich nicht verschließen). Ich darf Kommentare über dicke Hintern machen, ich habe nämlich selber einen. Während ich mit meinem Hintern jedoch hadere, ist Berta immer noch voller Stolz auf ihre üppige Figur: »Männer wollen ja keine Hungerhaken, die wollen einen runden Hintern, der klatscht, wenn sie draufhauen, und Brüste, zwischen denen sie sich ganz tief vergraben können. Ich könnte dir Geschichten erzählen.«

Heute ist Berta jedoch nicht in Erzähllaune, sondern kritisiert, noch ehe ich ganz durch die Tür bin, mein Outfit: Schwesterntracht-extracool, nämlich die Hosen etwas zu weit, damit sie lässig auf Halbmast hängen. Ich stehe eben einfach nicht auf Taubstummen-Hosen, bei denen man alles von den Lippen ablesen kann. Doch schon Hosen allein sind Berta, der Verfechterin der Weiblichkeit, ein Dorn im Auge. Die Gangsta-Variante macht es nicht unbedingt besser.

»Schwester Stefanie, du siehst mal wieder aus wie eine Schlampe.«

»Das trägt man jetzt so, Berta. Außerdem sagt man heutzutage nicht mehr ›Schlampe‹ für schlampige Frauen. Das hab ich dir schon tausendmal gesagt. Heute heißt ›Schlampe‹ eher sowas wie ›leichtes Mädchen‹.«

Berta nickt zwar, aber bis morgen hat sie es sowieso wieder vergessen. Jaja, da gibt es schon das eine oder andere Kommunikationsproblem, wenn mehr als fünfzig Jahre zwischen den Gesprächspartnern liegen. Weil ich in einem Dreigenerationenhaushalt aufgewachsen bin, können mich solche Worte aber nicht wirklich schockieren. Unsere arme Praktikantin Janina kam jedoch in Tränen aufgelöst zu mir gerannt, nachdem der als sehr ruppig bekannte Hans ihre Ermahnungen, nicht so viel zu rauchen, mit den Worten abgewehrt hatte: »Ach, halt doch deine Fotz'n!«

»Schwester Stefanie, der kann doch nicht so mit mir reden.« Es war einiges Zureden notwendig, bis ich ihr endlich erklärt hatte, dass »Fotz'n« bei den Alten eben einfach nur »Mund« bedeutet. Ich bin mir nicht sicher, ob sie mir geglaubt hat. Um Hans hat sie ab diesem Zeitpunkt auf jeden Fall einen großen Bogen gemacht.

Mit Berta diskutiere ich heute auch gar nicht groß herum, sondern gehe mir ihr ins Bad, um sie fertig zu machen. Das besondere Augenmerk muss bei ihr auf die Furchen zwischen den Rettungsringen und die Stellen unter den Brüsten gerichtet werden. Hier kommt nämlich nicht mehr viel Luft hin, geschwitzt wird aber natürlich trotzdem – sodass an diesen Stellen viel schneller Rötungen und Entzündungen entstehen. Bei großer Nachlässigkeit können sich sogar Pilze entwickeln.

Als ich mit dem Waschlappen in eine Speckfalte fahre, hole ich plötzlich lauter kleine zusammengerollte weiße Würstchen hervor.

»Mensch, Berta, hat dich da wieder jemand mit Puder eingestäubt?«

Da sind wir wieder bei einer der Grundsatzstreitigkeiten in der Pflege. Um Entzündungen zu vermeiden, gibt es bei uns eigentlich ganz klar die Richtlinie, dass gefährdete Stellen nur gründlich, aber schonend gewaschen und dann besonders gut abgetrocknet werden, sodass dort möglichst lang keine Feuchtigkeit entsteht. Dafür wird auch extra ein Leintuch eingelegt. Das machen normalerweise auch alle neuen Fachkräfte, manche Kolleginnen vom alten Schlag halten jedoch an ihren »bewährten Rezepten« fest – also zum Beispiel Melkfett, das für einen Superschmodder zwischen den Speckfalten sorgt, oder eben Puder. Das wirkt tatsächlich manchmal Wunder, sorgt aber in vielen Fällen eben auch für diese Röllchen, die dann noch mehr auf der Haut reiben und für Rötungen sorgen. Ob ich wohl auch mal so eine alte verbohrte Pflegekraft werde, die sich nichts sagen lässt und auf alle Innovationsvorschläge nur antwortet: »Ne, das haben wir noch nie so gemacht«?

Dabei bin ich in der Altenpflegeschule wirklich gut ausgebildet worden. Die Ausbildung zur Pflegefachkraft dauert drei Jahre. Voraussetzung dafür ist die mittlere Reife oder eine andere bereits abgeschlossene Ausbildung. Der Stoff ist immens – und das zu Recht, wenn man bedenkt, welche Verantwortung Pflegekräfte später im Umgang mit den Alten haben. Das vergessen viele Menschen, die denken, wir würden den ganzen Tag nichts anderes machen, als Hintern abputzen und Dreck wegwischen. Die Medikamentendosen werden von den Ärzten vorgeschrieben, aber wir sind diejenigen, die dann tatsächlich Insulin spritzen, Tabletten verabreichen und Betäubungsmittel ausgeben. Jede Nachlässigkeit kann da tödlich sein.

Schlecht ist es dann natürlich, wenn man in der Schule nicht wirklich aufpasst, denn hier werden tatsächlich Dinge gelehrt, die für den Alltag als Altenpflegerin unverzichtbar sind. Wer drei Jahre nur gespickt hat, der erkennt einen Unterzucker eben nicht. Der weiß auch nicht, welche Medikamente für welche Beschwerden eingesetzt werden. Muss eine dumme Altenpflegerin nicht wissen? Hauptsache, sie kann Tabletten richtig abzählen? Pustekuchen! Der Alltag zeigt, wie wichtig es ist, die Medikamente und ihre Wirkungsweisen genau zu kennen:

Eigentlich ist es ja so, dass man den Alten die Medikamente, die jeden Morgen vor Dienstbeginn für sie zusammengestellt werden, direkt in die Hand gibt und sofort einnehmen lässt. Manchmal kommt es jedoch vor, dass der Bewohner gerade beim Essen sitzt oder aus sonst einem Grund in dem Moment nicht schlucken kann, da legt man die Tabletten einfach neben seinen Platz auf den Tisch. Bei mir ist es allerdings schon mal vorgekommen, dass dann ein anderer verwirrter Bewohner beim Abendessen die Tabletten seines Tischnachbarn geschluckt hat. Und dann heißt es: Gehirn einschalten und notfalls schnell handeln. Denn während manche Medikamente anderen Personen nicht schaden, können wieder andere gravierende Folgen haben, schluckt sie jemand, für den sie nicht vorgesehen waren. Ich hatte damals Glück: Es waren nur Schlaftabletten, und der Mitbewohner hat ausnahmsweise mal viel tiefer geschlafen als gewohnt – aber so etwas muss man wissen, und notfalls ganz schnell den Arzt anrufen. Aber eigentlich hätte mir das damals natürlich nicht passieren dürfen. Und ich habe auch meine Lektion daraus gelernt: Seitdem gebe ich Tabletten nur noch direkt in den Mund – außer bei den wirklich Topfitten, die sich ihre Medikamente nicht unter der Nase wegklauen lassen.

Trotz dreijähriger Ausbildungszeit machen wir also immer wieder auch Fehler – und stehen dadurch quasi ständig mit einem Bein im Gefängnis. Wenn mein Kumpel bei Bosch am Fließband ein defektes Teil nicht aussortiert, gibt es später Probleme mit dem Motor. Messe ich die falsche Menge Insulin ab, liegt morgen jemand tot im Bett. Aber keine Sorge – das ist noch niemandem, den ich kenne, passiert. Aber um eben sicherzugehen, dass keine falschen Medikamente verabreicht werden, rufen wir bei jeder außerordentlichen Abgabe vorher beim zuständigen Arzt an. Zum Beispiel auch, wenn Gerd in der Nacht 39 Grad Fieber bekommt. Jede Mutter gibt in so einem Fall ihrem Kind daheim eine Paracetamol zum Fiebersenken. Ich rufe erst mal beim Bereitschaftsarzt an und lasse mir grünes Licht geben. Der ist natürlich ordentlich genervt, aber was sein muss, muss sein.

Und manchmal gehen dann die großen Diskussionen los: Wenn ein Patient sich tatsächlich gegen jede Form der lebensverlängernden Maßnahmen ausgesprochen hat, darf ich ihm dann nicht trotzdem noch eine Kochsalzlösung anhängen, damit er nicht komplett austrocknet? Verstoße ich damit schon gegen die Patientenverfügung? Wirklich schwierig manchmal …

Medikamente dürfen tatsächlich nur von Fachkräften ausgegeben werden. Auch viele andere Tätigkeiten erledigen nur wir: Katheter- und Verbandswechsel, das Legen von Infusionen und vieles mehr. Neben den Fachkräften gibt es im Altenheim auch noch die Pflegehelfer. Das sind häufig Quereinsteiger. Für sie gibt es die Möglichkeit, eine einjährige Ausbildung zu machen. Sie unterstützen uns Fachkräfte dann beim Waschen und Pflegen der Alten. Neben den »Einjährigen« gibt es allerdings auch noch die Pflegekräfte, die nur einen zwei- bis vierwöchigen Kurs absolviert haben und dann auf die Bewohner losgelassen werden. Das hört sich jetzt vielleicht fies an, aber wenn einem Langzeitarbeitslosen mit relativ geringer Motivation nach vier Wochen eine so verantwortungsvolle Aufgabe übertragen wird, dann erscheint mir das schon manchmal etwas fragwürdig. Aber für solche Entwicklungen sorgt der Pflegenotstand. Dabei muss ich mein Pauschalurteil hier gleich ein bisschen abmildern – es gibt wirklich auch sehr tolle und engagierte Pflegehelfer. Ich würde sogar sagen, sie sind in der Überzahl. Aber ein faules Ei macht eben doch leider manchmal den ganzen Kuchen kaputt – aber das gilt natürlich in gleichem Maße für die Fachkräfte.

Nachdem ich mit Berta fertig bin und ihre nun sauberen und trockenen Speckfalten ohne Puder und Melkfett unter einem frisch gewaschenen Pullover verstaut sind, wende ich mich Sophie zu, die vor sich hin singend in ihrem Bett sitzt und mich freudig anlächelt, bis ich ihr das obligatorische Tablett mit ihren Morgenpillen reiche. Sophies Blick wird böse, sie gehört nämlich zu den Medikamentenverweigerern:

»Nein, ich will meine Medikamente nicht nehmen.«

Irgendwie kann man es verstehen. Es ist wirklich eine Menge Tabletten, die Sophie da jeden Tag schlucken muss: große und kleine, grüne, blaue, weiße, zwei Antidementiva, drei Herzmittel, ein Blutdruckmittel. Da würden sich auch weniger demente Bewohner querstellen. Wehmütig denke ich zurück an die Zeit, als wir noch Zivis bei uns hier im Altenheim hatten, da hatten wir nämlich eine sehr schlaue Lösung für Sophies kleines Problem gefunden. Losgegangen war es wie üblich:

»Nein, ich will meine Medikamente nicht nehmen.«

»Sophie, du weißt doch, dass du deine Tabletten nehmen musst.«

»Wer hat das gesagt?«

»Der Arzt hat das gesagt!«

»Dann soll der Arzt doch selber kommen und es mir ins Gesicht sagen.«

Anstatt nun umständlich zu erklären, weshalb der Arzt heute keine Zeit hat zu kommen, oder gar einen Arzt ans Telefon zu holen, damit er ihr die Notwendigkeit der Medikamente erläutert, steckten wir einfach unseren Zivi in einen weißen Kittel und schickten ihn zu Sophie ins Zimmer:

»Frau Czerni, ich habe gehört, Sie möchten Ihre Medikamente nicht nehmen? Das ist aber sehr wichtig für Ihre Gesundheit! Bitte seien Sie doch so nett und nehmen Sie die Tabletten ein.«

Und das Sopherl war brav und nahm ihre Medikamente, bis sie sich nicht mehr an die Mahnung des Arztes erinnerte und unser Zivi Jonas wieder einmal in sein Mäntelchen schlüpfen musste.

Dass derselbe Zivi erst am Vortag mit Sophie Mensch ärgere dich nicht gespielt hatte, das hatte sie schon längst wieder vergessen.

Manchmal glaubte Sophie auch, wieder im Urlaub in einem Fünf-Sterne-Hotel zu sein und den Hotelboy vor sich zu haben:

»Mein Lieber, ich hätte dann gerne das Frühstück ans Bett, und die Wäsche können Sie auch gleich in die Reinigung bringen.«

Jonas lächelte, machte einen Diener und war ganz wohlerzogener und aufmerksamer Hotelboy, kümmerte sich mit besonderer Aufmerksamkeit und Intensität um unsere kleine Polin und ließ Sophie in ihrer Illusion. Alles andere hätte ja sowieso nichts gebracht. Berta sah sich Sophies Treiben schmunzelnd an, riss sie jedoch nie aus ihrer selbst geschaffenen Welt. Schließlich profitierte auch sie davon, dass der süße Hotelboy so häufig bei ihnen im Zimmer vorbeischaute.

»So ein Zuckerschneckchen mit so wunderschönem dunklen Haar. Wie ein Italiener. Ja, die Italiener, die sind mir die Liebsten.«

Diese Zeiten sind jetzt allerdings vorbei, und statt hübschen jungen Hüpfern gibt es für die beiden Damen nur meine Wenigkeit. Sauber und satt bekomme ich sie natürlich auch, aber der »unterhaltsame« Teil, der hat schon sehr darunter gelitten, dass wir auf unsere Zivis verzichten mussten – und ein freiwilliges soziales Jahr macht ja heute aufgrund der schlechten Bezahlung kaum noch einer. Ich versuche, den Verlust zu kompensieren. Während ich Sophie die Fußnägel schneide, singen wir »Die Gedanken sind frei«. Den Text dazu habe ich von ihr gelernt. Auch wenn sie schon um drei vergessen hat, was es zum Mittagessen gab, erinnert sie sich noch gut an die Lieder und Filme ihrer Jugend. Als ich fertig bin, streichelt sie mir übers Haar:

»Schön, wie du mit mir singst. Weißt du: ›Wo man singt, da lass dich nieder, böse Menschen kennen keine Lieder.‹ Da fühle ich mich immer richtig wohl.«

»Das freut mich, Sophie. Dann sei doch so lieb und schluck noch deine Tabletten.«

»Na gut, weil du's bist.«

Wir steuern hart auf 8 Uhr zu, und inzwischen bin ich mit meinen Bewohnern fast durch, nur noch der »notgeile« Franz und die »Harte Hanna« müssen versorgt werden. Aber bei Franz dauert es normalerweise nicht lange.

Als »notgeil« gilt Franz deswegen, weil er wirklich den lieben langen Tag an sich herumspielt. Das wäre an und für sich noch nicht sonderlich erwähnenswert, es gibt ja so Typen, die den ganzen Tag die Hand nicht aus der Hose bekommen. Das kann man als Frau wahrscheinlich nicht so verstehen (ich streichle mir ja auch nicht dauernd die Brüste, nur weil sie da sind), aber das scheint wie ein eingerissener Fingernagel zu sein: Man kann es einfach nicht lassen und muss dauernd daran herumfummeln.

Nun ja, und Franz spielt eben auch dann an sich herum, wenn ich zum Beispiel ins Zimmer komme, um ihn beim Waschen des Rückens zu unterstützen. Dabei ist Franz durchaus nicht dement oder schwachsinnig, sondern eben einfach etwas notgeil. Und so sind wir beide aneinandergeraten.

Ich war gerade frisch auf der Station, wollte ihn ins Bad führen, damit er sich dort waschen kann. Und weil ich neu war, dachte er sich wahrscheinlich, er kann sich bei mir Freiheiten erlauben. Aber da war er an die Falsche geraten:

»Ich kann nicht ins Bad laufen, du musst mich im Bett waschen.«

»...«

»Du musst mich auch da unten waschen.«

»Also, Franz. Ich wasch dich da unten nicht. Wer den ganzen Tag an sich herumspielen kann, der kann das auch selber. Wenn du's aber nicht machen willst, dann ist das dein Problem. Dann entzündet sich's eben – und dann ist Schluss mit der Spielerei.«

Seitdem muss ich Franz nur seine Waschschüssel hinstellen, und er wäscht sich »untenrum« selber. Die Vorhaut lässt sich weiterhin optimal zurückziehen, und wir sind beide glücklich und zufrieden. Eine echte Win-win-Situation also.

BLEIB MIR BLOSS WEG MIT DEM ALTENHEIM!

Mit der Zeit kennt man seine Pappenheimer und weiß, wie man mit wem umgehen muss. Und es ist ja nicht so, dass wir ein Heim für schwer Erziehbare wären, in dem jeder nach der Pfeife der diensthabenden Fachkraft tanzen müsste. Wer an sich herumspielen will, der darf das so lange und so oft, wie er möchte und kann – aber eine gewisse Rücksichtnahme auf Zimmernachbarn und Pflegekräfte, die darf natürlich nicht fehlen. Schließlich nehme ich auch Rücksicht auf meine Bewohner. Ich stehe nicht früh auf dem Gang und rufe mit einer Stimme wie ein Messinggong den Flur entlang:

»7:30 – Alle Mann aufstehen! Wer bei drei nicht aus den Federn ist, den hol ich höchstpersönlich raus!«

Wer bei mir länger schlafen will, der darf das sehr gern. Der 98-jährige Fritz aus dem Regenbogen 7 (Sie erinnern sich? Blume? Regenbogen?) ist zum Beispiel eine echte Schlafmütze. Vor 11 Uhr bekomme ich ihn nicht hoch – und weshalb sollte ich auch? Dann wird er eben erst kurz vor dem Mittagessen gewaschen. Und selbst da stellt er sich noch quer:

»Weg mit deinem Lappen! Hör auf, an mir rumzuwischen. Ich will nicht aus dem Bett. Es ist Winter!«

Eigentlich kann Fritz nicht mehr selber laufen – wenn man ihn dann jedoch aus dem Bett in den Rollstuhl hebt, ist er schneller, als man beim nächsten Bewohner die Einlagen wechseln kann, wieder in seinem Bett. Wie er das macht? Keiner hat es je gesehen.

Um optimal auf die Bedürfnisse der alten Menschen eingehen zu können, gibt es beim Einzug ein Aufnahmegespräch mit den Angehörigen und dem neuen Bewohner. Da werden die Vorlieben dann detailliert aufgezeichnet. Sind Sie eher ein Langschläfer oder ein Frühaufsteher? Mögen Sie gerne Gesellschaft? Gibt es Dinge, die Sie gar nicht gerne essen oder nicht gut vertragen? Solche Sachen eben. Dass Frau Zahnleiter nicht gerne Mensch ärgere dich nicht spielt, weil sie einfach nicht verlieren kann und schon das ein oder andere Mal die Spielfiguren vom Brett gewischt hat, das merken wir dann schnell genug. Bei diesen Gesprächen haben sich schon einige Situationen ergeben, bei denen ich es mir nur mit großer Anstrengung verkneifen konnte, laut loszuprusten. Da sitzt doch tatsächlich die etepetete Münchner Ökotussi vor mir, die ihre Vergangenheit auf einem fränkischen Nicht-Bio-Bauernhof nur zu gerne verdrängen möchte, und will mir weismachen: »Also mein Vater, der isst ja aus Überzeugung kein Fleisch.«

Aber so tattrig ist der Vater trotz beginnender Demenz und Dauertremor dann doch nicht, um diese dreiste Behauptung nicht widerlegen zu können:

»Nein, nein! So ein schöner Schweinebraten – den lass ich mir nicht entgehen.« Pikierter Blick der Tochter, verschmitzter Blickwechsel zwischen Väterchen und mir. Soll die doch in München missionieren.

Gerne spielt auch die soziale Erwünschtheit mit rein, wenn die Kinder auf die Frage »Geht der Herr Schuster gern in die Kirche?« mit einem pflichtschuldigen »Ja, natürlich! Jeden Sonntag!« antworten und sich der Herr Vater dann immer wieder sonntags mit Händen und Füßen gegen den Kirchgang sträubt.

Ich versuche natürlich, die Wünsche meiner Bewohner weitestgehend zu erfüllen. Deswegen bekommt Sophie keine Hülsenfrüchte (sehr zur Freude ihrer Mitbewohnerin Berta), und deswegen darf Fritz bis Mittag in den warmen Laken vor sich hin dösen.

Aber nicht alle meine Kollegen sind da so kulant. Es gibt Mitarbeiter, Gott sei Dank die Ausnahme, die morgens einfach ein Zimmer nach dem anderen zack-zack-zack abarbeiten – wie am Fließband. Solche empathielosen Roboter waren es auch, die einen alten Mann, bei dem groß und breit in der Akte stand »ungesellig«, zu einer Singveranstaltung im Gemeinschaftsraum schleppen wollten, bis der arme große Mann in seinem Rollstuhl anfing zu weinen. In diesem Moment kam ich vorbei:

»Was soll denn das? Der Mann war sein ganzes Leben lang ein Einzelgänger! Warum sollen wir ihn jetzt plötzlich da hinschleppen? Lest mal seinen Biografiebogen.« Und Peter – so hieß der Mann – blieb allein in seinem Zimmer, starrte aus dem Fenster, genoss die himmlische Ruhe und wirkte dabei so gar nicht unglücklich.

Mit dem Einzug ins Altenheim ist es auch nicht so, dass man plötzlich in einer karge, unpersönliche Zelle zieht. In manche Altenheime darf man quasi seine komplette Wohnungseinrichtung mitbringen. Die unterschiedlichen Zimmer sehen dann aus wie kleine Puppenstuben – von modernem Minimalismus keine Spur. Einer Frau haben wir in meinem ersten Heim sogar zu fünft ihr riesiges Küchenbuffet ins Zimmer geschleppt. Dazu eine alte gammlige Krippe, die so groß war wie der Tisch und ziemlich nach Ochs und Esel stank. Drei Wochen später war Helga tot, und wir schleppten das Zeug nun in die umgekehrte Richtung.

In anderen Heimen, wie bei uns, gibt es eine feste Einrichtung, die meistens aus Pflegebett, Schrank, Tisch, Kommode und Nachtkästchen besteht. Davon abgesehen, können die Alten mit dem Zimmer machen, was sie wollen. Sie sollen sich schließlich wohlfühlen. (Und wenn ein Bewohner lieber seine eigene Matratze mitbringen möchte, darf er das auch. Aber das ist schon die Ausnahme.) Da hängen dann die ganzen Wände von oben bis unten voller Familienbilder, und auf den Regalen drängen sich die Hummel-Figürchen. Wir hatten sogar mal eine Künstlerin, die das komplette Zimmer ringsum mit ihren Gemälden vollgehängt hat. Stillleben, Abstraktes – und auch im Altenheim malte sie fleißig weiter, die Blumen auf dem Zimmertisch oder die zwölf Apostel in unserer Kapelle. Ihr Zimmer war eines der schönsten, die ich bisher gesehen habe.

Nun ja, aber nicht alle alten Menschen finden sich so gut in ihrer neuen Umgebung ein. Deshalb lungere ich nun auch seit bestimmt dreißig Sekunden vor der nächsten Zimmertür und hänge meinen Gedanken nach, anstatt mit einem gut gelaunten »Guten Morgen, Harte Hanna« einzutreten. »Harte Hanna« sage ich natürlich nicht. So nennen wir Pflegekräfte sie nur unter uns. Wir zwei sind noch beim »Sie«, und ich bin mal gespannt, ob sich das so bald ändern wird. Hanna Winkler ist nämlich eine richtige Giftspritze. Sie ist vor fünf Tagen eingezogen und lässt keine Gelegenheit aus, eine blöde Bemerkung zu machen. Schon bevor ich das erste Gespräch mit ihr geführt hatte, geriet die Harte Hanna bei mir in Misskredit. Ich führte gerade Frau Larisch zum Speisesaal an Hanna Winklers Zimmer vorüber, da murmelte diese doch tatsächlich – leider nicht leise genug – in ihren Bart:

»Schaut euch das an. Zwei so hässliche, fette Ärsche.«

Sogar Frau Larisch hatte es gehört, hielt sich aber mit ihrer Empörung zurück, bis wir außer Hörweite waren:

»So eine böse Frau. Dabei ist das doch meine Einlage – mein Hintern ist gar nicht so dick.«

Ich wünschte, das könnte ich von meinem Hintern auch behaupten.

Den Knaller brachte die Harte Hanna dann an meinem ersten Morgen, als ich sie mit einem herzlichen »Guten Morgen, Frau Winkler, wie geht es Ihnen?« begrüßte.

»Das geht Sie gar nichts an. Jetzt fangen Sie endlich an, mich zu waschen. Meine Tochter hat gesagt, das kostet hier sehr viel Geld, und deswegen wasche ich mich nicht selbst. Das könnt ihr machen – werdet ja dafür bezahlt!«

Was für ein großartiger Start.

Wegen solcher spitzer Bemerkungen fand meine Kollegin Olga es auch angebracht, eine Nähmaschine auf das

Türschild der Harten Hanna zu kleben. Bei seinem Einzug wird für jeden Bewohner ein Türschild gebastelt, auf das dann ein Bildchen kommt, das für die speziellen Vorlieben der jeweiligen Alten steht. Sophie hat zum Beispiel einen Blumenstrauß, weil sie Blumen so liebt. Berta einen schnittigen Sportwagen, nachdem sie immer wieder betont hatte, wie gern sie früher Mercedes gefahren ist. (Erst im Nachhinein hat sich herausgestellt, dass sie nicht das Auto »mit dem Stern«, sondern das »mit dem Blitz« meinte. Na ja, Opel war ja früher auch ganz cool. Zumindest der Opel Kapitän. In den 50ern.) Franz haben wir ein Schachbrett auf die Tür geklebt, obwohl er sich mit Händen und Füßen gesträubt hat. Aber sein liebstes Hobby lässt sich einfach nicht jugendfrei darstellen, da kann er stänkern, so viel er will. Die Harte Hanna hat also die Nähmaschine bekommen, weil sie spitze Bemerkungen mit der Geschwindigkeit einer Singer 2250 loslässt; offiziell jedoch, weil sie gelernte Schneiderin ist und mit Begeisterung Kleider genäht hat, obwohl sie das nach einer reichen Heirat gar nicht mehr nötig hatte, wie sie immer wieder betonte. Von kreativem Geist ist bei ihr inzwischen jedoch nicht mehr viel zu spüren. Sie ist zu einer zänkischen alten Frau geworden – aber die bekomme ich schon noch weich.

Wenigstens sind inzwischen alle ihre Kleider vom Schneider zurück. Wenn nämlich ein neuer Bewohner einzieht, dann werden alle persönlichen Gegenstände (Gebissdosen, Haarbürsten, Duschgel) und natürlich auch die Kleidungsstücke mit speziellen Schildern versehen. Das ist hilfreich, wenn die Kleidung in der Wäsche ist und jedem anschließend die richtigen Kleidungsstücke wieder zugeordnet werden müssen. (Und ich sag Ihnen: Da gibt's ein Geschrei, wenn mal was schiefläuft!) Außerdem helfen die eingenähten Schilder, wenn dann doch mal ein Dementer ausgebüxt ist (Feuerschutztüren dürfen eben nicht verriegelt werden – und wenn der Alarm losgeht und du zu spät losrennst, dann ist Sophie schon längst die Hauptstraße runter). Dann kann man nämlich den Bewohner ganz leicht dem richtigen Heim zuzuordnen. Aber das Einnähen kann eben schon mal drei Tage dauern, in denen die Bewohner dann leider »Hauskleidung« tragen müssen, also vom Heim gestellte Klamotten. Ist jetzt nicht schön, aber auch kein Grund so zu zetern, wie es die Harte Hanna zwei Tage lang gemacht hat:

»So ein lahmer Kerl. Zwei Tage für ein paar Schilder! Die hätte ich in zwei Stunden angenäht. Ein fauler Sack ist das. Aber ihr seid ja alle faule Säcke.«

Sie sehen: Der Spitzname »Harte Hanna« ist sogar noch relativ nett.

Dabei hat sie eigentlich überhaupt keinen Grund, so schlecht gelaunt zu sein, schließlich geht es ihr noch ziemlich gut. Sie kann allein essen, sich waschen und durchs Heim spazieren. Aber die halb fitten Kratzbürsten sind sowieso die anstrengendsten. Besser kommt man tatsächlich meistens mit den wirklich beeinträchtigten Menschen zurecht. Denjenigen, die wissen, dass sie sich nicht mehr alleine daheim versorgen können, die gemerkt haben, dass es einfach nicht mehr geht, und die froh sind, dass jemand da ist, der ihnen hilft. Und ich will sie ja auf gar keinen Fall »entmündigen« oder wie Babys behandeln. Wenn sie sich noch selbst rasieren können, wenn sie ihre Haare noch alleine in Form bringen, dann nehme ich ihnen das bestimmt nicht ab. Ist schließlich auch ein Stück Unabhängigkeit.

Auch die Geselligkeit im Heim tut vielen alten Menschen sehr gut. In ihrer kleinen Wohnung haben sie häufig in den vorangegangenen Jahren die Einsamkeit kennengelernt. Für sie ist es dann schön, gemeinsam mit anderen zu singen, Sport zu treiben oder Filme anzuschauen. Und oft haben sich solche Leute dann schon nach drei, vier Tagen bestens eingelebt. Das merkt man manchmal an ganz komischen Sachen. Zum Beispiel bei einem unserer Dementen, Johann: Jede zweite Nacht steht Johann auf und pinkelt an eine bestimmte Stelle im Gang. Es ist immer dieselbe. Wir wissen schon, worauf wir morgens als Erstes unseren Kontrollblick richten müssen. Als ich irgendwann die Angehörigen darauf ansprach, erklärten sie mir:

»Na, früher musste der Papa immer nach links aus dem Zimmer, ein Stück über den Hof und hat dann auf den Misthaufen gepinkelt. Und diesen Weg scheint er jetzt immer noch zu gehen.«

Nur dass sich hier statt Misthaufen nun der Flur der Frankenruh und manchmal Bertas orthopädische Schuhe befinden, die vor der Zimmertür auslüften müssen. Johann fühlt sich also bei uns schon ganz wie zu Hause.

Schwieriger ist es häufig für Schlaganfallpatienten, die nicht den Weg des langsamen Verfalls gegangen sind. Sie trifft es über Nacht. Und plötzlich sitzen sie im Rollstuhl und können sich nicht mehr rühren. Wenn sie dann auf Reha gehen, verbessert sich ihr Zustand häufig rasend schnell. Die Kollegen in den Kurorten bekommen doch viele Schlaganfallpatienten wieder erstaunlich fit. Wenn sie dann aber niemanden daheim haben, der sich um sie kümmern kann, kommen sie zu uns ins Heim. Das sind dann diejenigen, die der Einzug ins Altenheim nach der Reha besonders mitnimmt. Denn sie fühlen sich in der Regel ganz gesund. Nachdem sie wochenlang nicht sprechen, sich nicht bewegen konnten, ist es für sie nun so, als wäre ihnen ein zweites Leben geschenkt worden. Sie sehen gar nicht ein, dass sie dieses neu gewonnene Leben nun im Heim mit »all diesen alten Leuten« vertun sollen. Sie rasieren sich selbst, können selbst aus dem Bett aufstehen. Häufig ist auch gar kein Rollstuhl mehr nötig, und sie schaffen es, sich mit dem Rollator ganz fix den Gang entlangzubewegen.

»Ich bin doch fit, Schwester. Ich will wieder heim«, hört man dann die tägliche Klage. »Ich bleibe sowieso nicht mehr lange hier.«

Doch was diese Menschen häufig nicht begreifen, ist, wie viel Arbeit wir ihnen täglich abnehmen, damit sie dieses Gefühl der Unabhängigkeit und Selbstständigkeit überhaupt haben können. Klar, sie können sich jetzt selbst rasieren und den Hintern abputzen. Wer aber hilft ihnen ins Bett, wer kümmert sich um die Wäsche, wer kocht für sie, wenn wir nicht da sind? Natürlich gibt es die Möglichkeit, einmal in der Woche oder sogar täglich jemanden von der Sozialstation vorbeikommen zu lassen – aber diese Leute kommen dann eben nur einmal am Tag für eine Stunde. Und wenn diese Zeit nicht reicht, um alles Anfallende zu erledigen, dann wird es einfach Zeit fürs Altenheim. Oder für eine Polin. Wem das Heim oder die Sozialstation zu teuer ist, der kann sich auch eine osteuropäische

Altenpflegerin ins Haus holen, und die haben es in der Regel wirklich drauf. Sie sind häufig ausgebildete Pflegekräfte, deren Ausbildung in Deutschland nicht in vollem Umfang anerkannt worden ist. Im Heim bleiben für sie nur die Stellen als Pflegehelfer, oder sie gehen eben in eine Familie, um zu helfen. Viele von ihnen können schon sehr gut Deutsch. Aber selbst wenn das nicht der Fall ist, hilft die Verbindung, die bei einem so engen Miteinander zwischen Betreuer und Pflegebedürftigem entsteht, darüber hinweg. Selbst ohne Worte kann dann die Pflegerin meist genau erkennen, was im jeweiligen Moment notwendig ist. Ich glaube, ohne die Polinnen wäre unser Pflegesystem schon längst zusammengebrochen.

Aber ins Heim kommen nicht nur Leute, für die dieser Schritt unausweichlich geworden ist. Wir hatten zum Beispiel einmal eine Bewohnerin, Anna, deren Mann gestorben ist, nachdem sie ihn jahrelang aufopfernd gepflegt hatte, und die danach in ein tiefes Loch gefallen war. Sie hatte sich um ihn kümmern können, aber was würde passieren, wenn sie selbst einmal pflegebedürftig werden würde? Anna war mit ihren damals gerade mal siebzig Jahren noch ein richtig junger Hüpfer. Ihre Kinder lebten in Norddeutschland und kamen sie höchstens zweimal im Jahr in Bayern besuchen. Also beschloss Anna, ihr Haus zu verkaufen. Sie brachte das Geld auf die Bank und stand eines Tages bei uns vor der Tür. Sie wolle gerne unser Haus besichtigen, sie spiele mit dem Gedanken, ins Altenheim zu ziehen. Wir müssen einen ziemlich guten Eindruck auf Anna gemacht haben, denn schon zwei Monate später (sie hatte offenbar bei der Warteliste Glück gehabt) zog sie ein und war schon bald aus dem Heim nicht mehr wegzudenken. Sie war zu einer seltsamen Mischung aus Bewohnerin und Hilfspflegekraft geworden – natürlich, weil sie das wollte. Das wäre ja noch schöner, dass wir ihr einfach so unsere Arbeit aufladen! Wenn wir Ausflüge machten, schob sie, wenn es nicht gerade über Stock und Stein ging, mit Begeisterung ihre Mitbewohner, die im Rollstuhl saßen. Beim Essen half sie den anderen, sie schnitt Krusten ab oder fütterte Bewohner, die gar nicht mehr selbst essen konnten (natürlich nur diejenigen, bei denen man nichts falsch machen kann. Bei Schluckbeschwerden und ähnlichen Sachen macht das natürlich nur eine ausgebildete Kraft). Sie spielte mit den anderen Karten, ging mit ihnen spazieren und blühte dabei selbst wieder auf. Anna hatte jetzt eine Aufgabe – und wir waren alle selig.

Es ist tatsächlich sinnvoll, sich schon früh Gedanken darüber zu machen, wie man im Alter einmal leben möchte. Das heißt nicht, dass man schon mal prophylaktisch wie Anna ins Altenheim ziehen sollte, wenn es eigentlich noch gar nicht notwendig ist. Verstehen Sie mich nicht falsch: So schön es bei uns ist, daheim ist es doch am schönsten. Aber eben wirklich auch nur, solange es geht. Deswegen sollte man schon früh darüber nachdenken, wie man zum Beispiel sein Haus ausstatten könnte, damit man noch tattrig und dement darin zurechtkommt. Keine engen Treppen, Dusche statt Badewanne, ausreichend große Türöffnungen, falls ein Rollstuhl benötigt wird, solche Sachen eben – dann kann man auch viel länger daheim versorgt werden. Wer aber unbedingt weiter im ersten Stock schlafen will und dann jeden zweiten Tag die Wendeltreppe runterfällt, der muss sich nicht wundern, wenn er irgendwann mit Oberschenkelhalsbruch im Krankenhaus und anschließend bei uns im Heim landet.

Ein Mann, Karl, der keine Mühen scheute, um seiner dementen Mutter ein Leben daheim zu ermöglichen, ist mir aus meiner Zeit in der häuslichen Pflege in Erinnerung geblieben. Er hatte für sie tatsächlich das gesamte Erdgeschoss seines Hauses umgebaut. Die Steckdosen hatte er alle stillgelegt, die Wasserversorgung hatte er so reguliert, dass kein zu heißes Wasser aus dem Hahn kam, sodass seine Mutter sich nicht verbrühen konnte. In der ganzen Wohnung gab es keine Stöpsel, damit sie nichts unter Wasser setzen konnte. Es ging fast zwei Jahre gut – bis bei seiner Mutter Klara zuletzt auch der Tag-und-Nacht-Rhythmus verloren ging. Während die Familie im Obergeschoss versuchte zu schlafen, schlich Oma im Erdgeschoss herum, klapperte mit Töpfen oder schrie laut. Natürlich ohne jeden bösen Willen. Als Klara kurz darauf auch begann, sich einzustuhlen, entschied sich Karl schweren Herzens, seine Mutter ins Altenheim zu bringen. Er war das leibhaftige schlechte Gewissen, als er sie dort absetzte und ihre Sachen in ihr neues Zimmer trug. Keine zwei Wochen später wechselte zufälligerweise auch ich von der ambulanten Pflege ins Heim und lief dort immer wieder Karl über den Weg, der seine Mutter jeden Tag besuchte. Und wie gut sah er aus! Während der letzten Monate daheim mit seiner Mutter waren seine Gesichtszüge immer mehr eingefallen, ganz krumm und grau war er geworden. Jetzt aber stand er wieder lächelnd vor mir, und auch Klara fühlte sich in ihrer neuen Umgebung wohl. Es war für beide die richtige

Entscheidung gewesen. Das fühlte Karl ganz klar, deshalb hatte sich auch schon nach kurzer Zeit sein schlechtes Gewissen verabschiedet. Wenn es nicht mehr geht wie gewohnt – dann muss es irgendwie anders gehen.

Die meisten Angehörigen sind also durchaus keine herzlosen Menschen, die ihre Eltern eiskalt ins Altenheim abschieben. Vielen fällt das sogar verdammt schwer, sie haben das Gefühl, sich um ihre Verantwortung zu drücken. Aber mal ehrlich: Man kann sich ja für die Pflege eines Verwandten nicht selber komplett aufreiben. Und wenn man den Schritt getan hat, kann man sich häufig viel liebevoller um seine Angehörigen kümmern, schließlich ist man nicht schon grundgenervt, weil Oma schon wieder ihr Badezimmer unter Wasser gesetzt oder die Herdplatte angelassen hat.

Ich mache auch niemandem einen Vorwurf, wenn er seine Eltern nicht täglich besucht – es vielleicht auch gar nicht will. Für Außenstehende ist es leicht anzuklagen: »Erst schieben sie die Alten ab, dann besuchen sie sie fast nie, und an Weihnachten wird auf Familie gemacht.« Aber mal ehrlich: Wenn ein Vater sein ganzes Leben kein gutes Wort für seine Kinder übrig gehabt hat, sie vielleicht sogar noch verprügelt oder psychisch fertiggemacht hat, dann muss er sich doch nicht wundern, wenn diese Kinder jetzt nicht jeden Tag um ihn herumscharwenzeln und sich vielleicht noch mehr Beleidigungen um die Ohren hauen lassen wollen. Das ist eben Karma: Wenn du im Leben ein Depp warst, dann kriegst du das irgendwann zurück. Aber es gibt auch andere Fälle: Wir hatten einmal eine Frau, deren Mutter so dement war, dass sie wirklich kaum mehr etwas um sich herum wahrgenommen hat. Nach jedem Besuch bei der Mutter im Heim saß die Tochter hinterher noch eine halbe Stunde weinend im Auto. Ich weiß nicht, ob ich mir das an ihrer Stelle Tag für Tag angetan hätte.

Die meisten Angehörigen sind also völlig in Ordnung, ich würde mal sagen, so um die achtzig Prozent. Und es ist schön, von ihnen gelobt zu werden oder ein Wort der Anerkennung zu hören. In der Presse kommen wir Altenpfleger ja häufig nicht so gut weg. Da sind wir immer nur überfordert, haben keine Zeit, uns richtig um die Bewohner zu kümmern – und das stimmt ja leider häufig auch. Da freut es mich sehr, wenn jemand sieht, wie ich mich wirklich aufreibe, um seiner Mutter oder seinem Vater einen glücklichen Lebensabend zu verschaffen.

Das Problem sind dann eher die restlichen zwanzig Prozent, die uns mit ungerechten Anschuldigungen und Sonderwünschen das Leben zur Hölle machen. Ich meine: Es gibt natürlich auch Sonderwünsche, die ich schon ein bisschen nachvollziehen kann. Zum Beispiel die klare Forderung von Bertas Nichte Monika an uns, dass ihre Lieblingstante immer zueinanderpassende BHs und Schlüpfer trägt. »Das ist ein Stück Lebensqualität.« Und obwohl ich insgeheim schmunzle, weil Berta mit wesentlich mehr Sorgfalt angezogen ist als ich selbst, ist das ja keine große Sache, und ich mache es gern. Vor allem weil Berta mir sonst höchstpersönlich aufs Dach steigen würde.

Dann gibt es jedoch die ewigen Nörgler, denen man es einfach nicht recht machen kann und die anscheinend nicht begreifen, dass das hier kein Wellnesshotel ist, sondern ein Altenheim. Die Tochter von Frau Winkler, also der Harten Hanna, ist zum Beispiel so eine und hatte beim letzten Besuch ihr feines Näschen gerümpft:

»Oh, Schwester – hier riecht es aber ganz unangenehm. Wird hier denn gar nicht gelüftet?«

Bei solchen Fragen fällt es mir schwer, mich zurückzuhalten: Hallo! Das ist ein Altenheim. Hier gibt es jede Menge Leute, die unter Inkontinenz leiden. Da riecht es eben manchmal nicht so gut. Und ich muss dazu sagen: In dem Zimmer hat es nicht gestunken, weil ich zehn Minuten vorher gelüftet hatte! Aber klar, vielleicht können wir ja jedem Bewohner einen Lufterfrischer auf den Buckel schnallen, damit auch das feine Näschen von Madame nicht belästigt wird.

Der Apfel fällt nicht weit vom Stamm, denke ich mir, während ich nun endlich beherzt die Klinke nach unten drücke und das Zimmer der Harten Hanna betrete. Mit verkniffenem Gesicht thront die kleine Giftspritze auf ihrem Bett und wirft mir nicht einmal einen Blick zu, als ich das Zimmer betrete.

»Guten Morgen, Frau Winkler. Wie geht es Ihnen heute? Haben Sie gut geschlafen?«

»Von wegen guter Morgen. Alles Scheiße hier ... auf dem Flur war heute Nacht wieder Lärm, weil die Verrückte von drüben herumgebrüllt hat, und jetzt kommen Sie in aller Herrgottsfrüh und wollen mich aus dem Bett werfen!«

»Ach, kommen Sie, Frau Winkler, so schlimm kann es doch nicht gewesen sein!«

»Sie haben ja keine Ahnung, wie das ist, in dem Irrenhaus hier zu schlafen!«

»Wollen Sie dann vielleicht noch ein bisschen liegen bleiben, Frau Winkler? Dann komm ich später zum Duschen?«

»Duschen? Sicher nicht ... Ich hab früher auch nicht so oft geduscht!«

»Ach, kommen Sie schon. Man muss doch mal duschen – wenigstens ein Mal in der Woche! Ich creme Sie hinterher auch schön ein, die Heizung ist auch schon an, und Ihre Haare mach ich Ihnen ganz schick!«

»Schwester, Sie können wirklich nervig sein. Ich steh ja schon auf! Aber denken Sie nicht, dass ich das gern mache. Ich mach es nur, damit Sie endlich Ruhe geben!«

»Vielen Dank, Frau Winkler. Der Klügere gibt nach, stimmt's?«

»Jajaja«, grummelt Frau Winkler weiter vor sich hin, während ich ihr aus dem Bett und unter die Dusche helfe. Aus den Augenwinkeln sehe ich jedoch ein kleines Lächeln über ihr faltiges Gesicht huschen.

Wer sagt's denn?

»DIE FRAU MÜLLER HAT MIR SCHON WIEDER DIE ZÄHNE GEKLAUT!«

Ich bin schon spät dran, als ich einige Wochen später nach meiner Vormittagsrunde in den Speisesaal sprinte. Mit dem Herbsteinbruch haben sich einige der Alten auch schon die ersten Viren eingefangen, und so hat mich eine unserer Dementen mit Durchmarsch überrascht (Sie merken schon, das ist jetzt kein Fachbegriff, beschreibt das Ganze jedoch sehr treffend). Wenn der Zeitplan sowieso schon äußerst eng ist, dann gerät man durch so etwas schon schnell mal in Verzug – so auch ich, als ich um 11:29 Uhr in den Speisesaal stolpere.

Mich empfängt Chaos.

Von den anderen Kollegen ist im Saal noch nichts zu sehen, sie sind anscheinend noch unterwegs, um die restlichen Bewohner, die nicht alleine gehen können, aus ihren Zimmern zu holen. Einige der Alten sitzen schon an den Tischen, und unübersehbar in der Mitte des Saales kniet unsere Praktikantin Janina, die heulend in einer Pfütze herumwischt. Neben ihr im Rollstuhl mit Unschuldsmiene Fritz, der offensichtlich die Ursache für die Unruhe ist. Mit erfahrenem Blick habe ich die Situation innerhalb eines Sekundenbruchteils erfasst. Fritz hat sich von oben bis unten vollgespuckt (das ist der Altenheimeuphemismus für »kotzen«) – das nächste Opfer unserer Brechdurchfallwelle. Anstatt ihn jedoch schnell abzuputzen und in sein Zimmer zum Umkleiden zu bringen, war die Praktikantin mit der Situation ganz offensichtlich überfordert, zumindest ihr Magen. Denn die 17-Jährige hatte sich direkt neben Fritz auf den Boden erbrochen. Nun kniet sie also wie das personifizierte Elend auf dem Laminat, wischt mit Servietten in der Pfütze und kann unter den bösen Worten der Harten Hanna, die in den letzten Wochen immer zur Stelle war, wenn sich für sie die Gelegenheit bot, jemanden zusammenzustauchen, die Tränen nicht zurückhalten:

»Das ist ja widerlich – kann man sich da nicht mal zusammenreißen? Und dann soll man hier auch noch essen. Ekelhaft. Und jetzt diese Sauerei. Du verschmierst doch bloß alles, du dumme Kuh!« Laut keifend sitzt sie auf ihrem Stuhl und ergötzt sich sichtlich an den Tränen der Praktikantin.

»So, Hanna, jetzt hältst du mal deinen Mund. Du warst doch bestimmt auch schon mal krank?« Vor mir lässt Hanna die Giftspritze nicht ganz so deutlich raus. Sie schweigt, aber ihre Blicke sagen alles.

Als ich mich der schluchzenden und schnüffelnden Janina zuwende, kann ich mir allerdings nur mit großer Selbstbeherrschung eine ebenfalls bissige Bemerkung verkneifen. Es lässt mich natürlich nicht kalt, wie sie so dahockt – aber wenn man den ganzen Tag unter Hochdruck arbeiten muss, bleibt wenig Zeit, jetzt groß tröstende Worte zu finden. Ich lächle ihr aufmunternd zu.

»Komm, Janina, steh auf, und mach dich ein bisschen sauber. Trink was und iss einen Traubenzucker. Ich kümmere mich darum. Sag der Franzi, dass sie den Fritz in sein Zimmer bringen soll. Sie soll mal Blutdruck und Blutzucker messen, aber ich glaub, der hat sich auch den Virus eingefangen.«

Immer noch schnüffelnd steht Janina auf und wischt ihre Tränen mit dem Ärmel ab. Wenn ich nicht so genervt wäre, würde sie mir wahrscheinlich doch ein bisschen leidtun.

Ich streife mir Handschuhe über und habe in Sekundenschnelle die Bröckchen mit Zellpapier zusammengewischt, da taucht auch schon meine Lieblingskollegin Olga neben mir auf, die offensichtlich kurz nach mir den Speisesaal betreten hat. Das Desinfektionsmittel bereits in der Hand, kniet sie sich neben mich, und in kürzester Zeit ist alles wieder blitzeblank. So schnell kann das gehen. Das ist eben der Unterschied zwischen den fähigen und den unfähigen Kollegen. Die einen wissen eben, wie man Sachen anpackt, und die anderen ... nicht. Natürlich muss man bedenken, dass Janina nur eine unerfahrene Schülerpraktikantin ist, aber das Schlimme ist, dass auch die Praktika für die Pflegehelfer immer kürzer werden. Und innerhalb weniger Tage oder Wochen sollen die dann lernen, sich angemessen um die alten Leute zu kümmern, Einlagen zu wechseln etc. Wenn die sich dann jedes Mal daneben übergeben, haben wir am Ende mit den Schülern mehr Ärger, als wir von ihnen Unterstützung bekommen. Aber was soll man machen beim allgemeinen Fachkräftemangel in der Pflege? Da ist man dankbar für jede helfende Hand. Das ist ein ziemliches Elend.

»Das können wir gleich der Chefin sagen, dass die junge Dame keine strengen Gerüche verträgt. Heute Nachmittag soll sie zum ersten Mal Einlagen wechseln. Dabei wird sie wahrscheinlich ohnmächtig.«

Zwei Seelen, ein Gedanke, zwei Herzen und ein Schlag – Olga fasst in Worte, was mir durch den Kopf geht. In der Pflege darf man einfach nicht zu zart besaitet sein. Meine Güte, was ich alles schon gesehen habe! Wenn dir von ein bisschen Erbrochenem schon schlecht wird, dann bist du hier nicht gut aufgehoben. Als ich damals mein erstes Praktikum im Altenheim machte, gab es einen Dekubitus, also ein Wundliegegeschwür, der war so tief, dass man ihn ausstopfen konnte. Ich würde grob schätzen, da haben wir jedes Mal beim Wechseln einen halben Meter Mull rausgezogen ... Aber Schluss damit, wir sind ja beim Essen.

Was hätte Janina wohl gemacht, wenn sie heute Morgen an den Durchmarsch geraten wäre? Es ist nun mal so, dass dir in diesem Beruf ebenso viel Ekliges wie Schönes begegnet – und es kommt einfach vor, dass dich Kollegen auf Nutella auf deinem Kittel aufmerksam machen und du naiv antwortest: »Aber ich hab doch heute gar keine Nutella gegessen?!«

Du musst eine bisschen was aushalten können in diesem Job. Daher mag ich auch Olga so gerne. Sie hat eine gute Arbeitseinstellung und eine große Klappe. Sie hat wie ich gemerkt, dass ein witziger Spruch Wunder bewirkt – gerade wenn sich die Menschen für ihre Situation oder ihre Hilflosigkeit schämen. Aber heute ist sie nur genauso genervt wie ich, denn die Bewohner klappern schon ungeduldig mit dem Besteck. Essenszeiten sind im Altenheim heilig.

Wenn es jetzt Mittagessen gibt, haben die Alten schon zweimal gegessen – und zwar zum Frühstück und bei der Zwischenmahlzeit. Zum Frühstück gibt es bei uns Brot oder Brötchen mit Marmelade oder Wurst – sonntags auch mal ein Ei –, als Zwischenmahlzeit klein geschnittenes Obst oder ein Glas Buttermilch.

»Um halb zwölf schon wieder essen?«, werden Sie jetzt entsetzt rufen. »Das ist ja der reine Mastbetrieb. Die armen Alten sollen nur durch Dauerfüttern ruhiggestellt werden.« Aber ganz so einfach ist das nicht. Erstens kann man ja auch eine Mahlzeit auslassen, niemand muss alles essen, was angeboten wird – und wenn jemand zum Frühstück wenig gegessen hat, dann braucht er noch eine Kleinigkeit, um bis zum Mittagessen durchzuhalten. Außerdem hat sich – soweit ich das beurteilen kann – noch keiner im All-inclusive-Urlaub darüber beschwert, dass das Frühstücksbuffet von 6:00 bis 10:00 und die Snackbar von 9:00 bis 11:30 Uhr geöffnet hat, nur um den idealen Übergang zum Mittagessen zu bieten, das von 11:30 bis 14:00 Uhr dauert und abgelöst wird vom Kuchenbuffet ab 14:00 Uhr, das bis zum Beginn des Abendessens zur Verfügung steht. Und das Fehlen eines Mitternachtsbuffets (so etwas gibt es in manchen Heimen mit dem »Nachtkaffee« allerdings auch) wird ja in jeder zweiten HolidayCheck-Bewertung moniert. Da soll mal einer behaupten, dass Essen in unserer Gesellschaft nicht einen zentralen Stellenwert hat. Außerdem schlagen sich unsere Alten den Bauch nicht so voll, wie wir das normalerweise am All-you-can-eat-Buffet tun. Häufig kann man schon froh sein, wenn sie überhaupt eine Kleinigkeit zu sich nehmen. Der Appetit lässt im fortgeschrittenen Alter einfach etwas nach. Daher sind die vielen Mahlzeiten am Tag eher dem Prinzip »Gießkanne« geschuldet: Wenn viel Essen angeboten wird, dann essen die Bewohner irgendwann auf jeden Fall genug. Dicker werden im Altenheim die wenigsten. Wobei es schon ein paar Ausreißer gibt, aber darüber lasse ich mich lieber ein andermal aus.

Aber klar: So richtig 5-Sterne-Hotel ist es bei uns dann doch nicht. Wer spezielle Limos oder Bier will, der muss extra zahlen. Und auf unserem Speisezettel stehen täglich nur zwei Gerichte. In der Regel ein eher klassisches, wie Schweinebraten, und dann noch ein »moderneres« Gericht, zum Beispiel Pizza oder Schinkennudeln. Dazu eine Suppe und danach eine Nachspeise. Erstellt wird der Speiseplan vom Koch in Absprache mit dem Heimbeirat, der als Interessenvertretung der Bewohner Mitspracherecht in vielen Fragen des Heimalltags hat. Unfallverhütung, Freizeitgestaltung, Qualitätssicherung in der Pflege – dennoch widmet sich der Heimbeirat der Essensfrage, insbesondere der Frage nach dem weihnachtlichen Menü, mit besonderer Sorgfalt. Und da gibt es schon mal heftige Diskussionen, ob es an Weihnachten wie üblich Gänsebraten mit

Blaukraut und Klößen oder doch lieber Lammbraten geben sollte. Ich habe gehört, dass die Kämpfe für das diesjährige Weihnachtsfest schon begonnen haben, die unterschiedlichen Parteien haben ihre Plätze in den Schützengräben bereits eingenommen. Ich bin mal gespannt. Bringt ja auch ein bisschen Leben in den Heimalltag – und den der Bewohner. Wer noch reden kann, hat übrigens gute Chancen, in den Beirat gewählt zu werden. Es lebe die Basisdemokratie.

Heute gibt es Nürnberger Bratwürste mit Kartoffelpüree und Sauerkraut sowie alternativ Currywurst mit Pommes. Natürlich haben sich fünfundneunzig Prozent der Bewohner für die Bratwürste entschieden. Die »modernen« Sachen kommen bei den Alten nicht so gut an. Und ich muss zugeben, dass unsere Heimküche der Herausforderung, knackige Pommes für fünfzig Bewohner auf den Punkt genau fertig zu bekommen, leider noch nicht gewachsen ist. Vegetarier gibt es bei uns bisher nur einen. Aber in anderen Heimen sind es schon deutlich mehr. Er bekommt nicht etwa nur den Kartoffelbrei mit Sauerkraut, sondern der Koch bereitet für ihn ein Extragericht zu. Ich bin wirklich mal gespannt, wie das werden wird, wenn in zehn, zwanzig Jahren all die Laktose-, Gluten- und Histaminintoleranten im Altenheim landen. Da werden ziemliche logistische Probleme auf uns zukommen. Das wird ein Spaß!

Als Nachspeise gibt es Grießbrei mit Sauerkirschen. Selbst eingemacht von unseren Bewohnern. Es gibt bei uns im Heim nämlich auch die Möglichkeit, gemeinsam mit den Bewohner zu kochen. In einer separaten Küche mit einem extra Esszimmer können alle, die wollen und noch können, mit einer Betreuungskraft schnippeln, backen und danach gemeinsam essen. Und manchmal bereiten diese Gruppen auch etwas für die anderen Bewohner vor. Eine dieser Leckereien gibt es wie gesagt heute: eingemachte Sauerkirschen. Ich finde, dass das eine richtig gute Idee ist, aber einige Bewohner haben selbst daran wieder was auszusetzen. Wie die Harte Hanna:

»Ich ess doch dieses Zeug nicht. Wer weiß, wer da alles mit seinen dreckigen Pfoten drin rumgemanscht hat.«

Da kann ich nur den Kopf schütteln. Alle, die mitkochen, desinfizieren vor der Arbeit ihre Hände, die Küche ist blitzeblank. Da ist allenfalls mal bei einem Salat noch ein Stückchen Griebs mit dabei – aber mal ehrlich: Das ist doch jedem schon mal passiert. Erfahrungsgemäß sind die Stänkerer meist sowieso die, die sich jahrzehntelang nach dem Klogang nicht die Hände gewaschen haben und sich dann mit verkeimten Fingern über ihren Gurkensalat hergemacht haben. So viel mal dazu.

Bevor es aber losgeht, wird erst mal gebetet, dann gibt es die Vorspeise vor der Vorspeise, denn alle müssen brav ihre Tabletten schlucken. Das kann schon einige Zeit in Anspruch nehmen, aber heute geht alles gut, niemand verschluckt sich, alle schlucken ohne Widerrede ihre Pillen. Wenigstens etwas, das klappt an diesem verrückten Dienstag.

Jetzt nur noch den Alten, bei denen die Gefahr besteht, dass sie sich vollkleckern, einen Kleiderschutz umgelegt, und schon kann es losgehen. Aber auch das ist wie jeden Tag ein Kampf. Denn nur weil man sich für ein Ding einen anderen Namen ausgedacht hat, ändert das ja doch nichts an der Sache. Die Alten sind schließlich nicht blöd.

»Ich brauche keinen Latz!«

»Das ist ein Kleiderschutz. Der schützt deine Kleidung, damit wir am Abend nicht an deinem Hemd nachvollziehen können, was es zum Essen gegeben hat.«

»Das kannst du einem Dümmeren als mir erzählen!«

Dann beginnt die eigentliche Mahlzeit, und während sich die grauen Häupter über ihre Teller senken, geht für Olga, mich und die anderen der Stress erst so richtig los. Denn jetzt heißt es: Augen auf, damit sich keiner verschluckt und niemand irgendwelchen Blödsinn mit dem Essen anstellt. Außerdem muss den Bewohnern, die nicht mehr selbstständig essen können, das Essen eingegeben werden. Das übernehmen entweder wir Pflegekräfte oder bei unproblematischen Fällen auch fittere Bewohner, die dann die anderen unterstützen. Das Essen wird dazu entweder ganz klein geschnitten oder komplett püriert. Damit sich niemand verschluckt, muss der Körper aufgerichtet werden und das Essen in kleinen, immer gleich großen Portionen gereicht werden. Üblicherweise nehmen wir dafür einen Teelöffel. Die Portionen haben dann die ideale Größe, sodass die Alten sie perfekt schlucken können. Manche Kolleginnen greifen allerdings trotzdem lieber zum großen Löffel, weil es so angeblich schneller geht – aber von wegen! Dann hast du nur die Husterei, das Geschrei, und beide Parteien sind gestresst. Das Essen sollte außerdem nicht zu heiß sein. Und egal, wie sehr man zeitlich unter Druck steht, weil vielleicht noch zehn weiteren Bewohnern das Essen eingegeben werden muss: auf keinen Fall zu schnell eingeben und immer darauf achten, dass der Mund auch wieder leer ist. Und die, die vergessen haben, wie das geht, kann man auch immer wieder mal ans Schlucken erinnern. Da darf man also nicht ungeduldig werden. Besser, man macht ab und zu ein Päuschen und gibt in der Zwischenzeit dem Nächsten ein.

Gott sei Dank gibt es heute keine »Hustsuppe«. So nennen wir klare Suppen, in denen kleine Karotten- oder Selleriestücke schwimmen. Denn während die Alten mit Spargel- oder Brokkolicremesuppe gut klarkommen, beginnt bei den kleinen heimtückischen Stückchen in der klaren Suppe das große Husten und Würgen.

Wer kann, darf bei uns natürlich selbstständig essen. Nur weil jemand ein bisschen tropft und kleckst oder das Fleisch mit den Händen anfasst, ist das noch kein Grund, ihn nicht selber essen zu lassen. Aber da gibt's schon wirklich eklige Situationen. Leute, die Haupt- und Nachspeise zu einer appetitlichen Kartoffel-Sauerkraut-Grießbrei-Masse verrühren oder nach der Mahlzeit ihr Gebiss herausnehmen und genüsslich abschlecken, damit auch nichts vom leckeren Essen verloren geht. Das ist kein schöner Anblick, aber da kannst du ja nicht wirklich etwas machen. Natürlich setzen wir an einem Tisch die Bewohner zusammen, die in etwa auf dem gleichen Level sind, aber nur weil jemand dement ist, heißt das noch lange nicht, dass er allein in seinem Zimmer essen muss. Das wäre wirklich unmenschlich – und dass solche Entwicklungen im Alter Teil unseres Lebens sind, das sollte man einfach mal akzeptieren. Bei kleinen Kindern finden wir die Schmiererei ja auch total süß.

Erst wenn jemand eine wirklich riesige Sauerei macht, wird das Essen abgeräumt. Wenn also ein Bewohner nicht mehr isst, sondern das Ganze nur noch auf dem Tisch verschmiert. Ich versuche dann, ihm das Essen in Ruhe einzugeben, aber wer dann auch beim dreißigsten Anlauf nicht will, hat offensichtlich keinen Hunger.

So sitze ich nun also auch mit einer unserer Dementen am Tisch und führe ihr gerade einen Löffel Kartoffelbrei zum Mund, als am Nachbartisch wieder einmal die üblichen Lästereien losgehen. Üblich vor allem, seitdem die Harte Hanna eingezogen ist und die anderen mit ihrer Giftigkeit angesteckt hat. Lästerobjekt ist nicht, wie man meinen möchte, Frieda, die von mir gefüttert wird, sondern Sophie, die, obwohl dement, noch immer alleine isst – aber dabei nicht unbedingt den, sagen wir mal, appetitlichsten Anblick bietet. Die kleine Polin hat sich über ihr Essen gebeugt und schiebt sich Sauerkraut und Kartoffelbrei mit den Fingern in den Mund. Wie ich finde, eigentlich recht manierlich. Doch das empfinden nicht alle so:

»Das ist ja ekelhaft. Kann man der nicht das Essen wegnehmen?«

»Da kann einem doch echt der Appetit vergehen.«

Die Lästerer sind die Harte Hanna und Hans. Da haben sich die zwei Richtigen gefunden. Beide noch relativ fit, schauen sie auf die herab, die schon stärker abgebaut haben, und stacheln sich mit ihren Lästereien gegenseitig an. Wirklich überraschend ist das natürlich nicht. Nur weil jemand alt und tattrig ist, heißt das ja nicht, dass er sich plötzlich in einen liebenswerten Menschen verwandelt. Klar tun mir meine Alten leid, wenn sie klapprig und zittrig in ihren Rollstühlen hocken, aber wenn ich dann erlebe, was aus dem faltigsten Mund manchmal noch immer für Boshaftigkeiten sprudeln können, dann hält sich mein Mitgefühl doch sehr in Grenzen.

Eigentlich wären diese Lästereien und Sticheleien, die sich nicht nur aufs Essen beschränken, keine große Sache, wenn Hans und Hanna nicht gern auch mal ein paar Nazisprüche rauslassen würden. Es ist ja nicht so, dass das im Altenheim etwas so Besonderes wäre. Gerade bei Dementen, die geistig wieder in ihre Jugendjahre zurückversetzt werden, kommt es vor, dass sie wieder die Lieder ihrer Jugend singen oder die entsprechenden Handbewegungen und Grußworte vollführen, die man ihnen als Kind eben beigebracht hat.

Fritz ist zum Beispiel so ein Kandidat, der geistig noch im Deutschland von 1939 lebt. Das hat natürlich auch die anderen Bewohner irritiert, als er beim Frühstück mit erhobenem Arm in den Speisesaal gerollt kam und allen ein herzhaftes »Heil Hitler!« entgegenschmetterte. Aber wie willst du einem Dementen erklären, dass der Krieg schon seit fast siebzig Jahren vorüber ist? Also einfach ignorieren. Und am dritten Morgen zuckte beim »Heil Hitler« schon niemand mehr zusammen. Wenn Fritz in gut gelaunter Liederrunde die erste Strophe der Nationalhymne anstimmt, dann versuchen wir einfach, ihn zu übertönen. Mal ehrlich: Was willst du denn da auch machen? (Ui. Ich hoffe, dass niemand vom Verfassungsschutz dieses Buch liest.) Lustigerweise ist Fritz sogar ein bisschen in Sophie verknallt, die nicht nur Polin, sondern, wenn ich mich nicht irre, auch Jüdin ist.

Problematisch ist es dann wirklich bei denen, die fit sind und genau wissen, was sie da gerade von sich geben. Da hab ich mich dann auch nicht wirklich im Griff. Im Augenblick bleibt es aber bei den normalen Boshaftigkeiten, und da muss ein »Hans, pass du nur auf, dass du dich nicht selber vollkleckerst« reichen, denn Olga fordert meine Aufmerksamkeit und deutet auf eine Bewohnerin am Nachbartisch:

»Sag mal, findest du nicht auch, dass die Frau Müller heute irgendwie komisch aussieht?«

»Stimmt, du hast recht. Aber warum bloß?«

Während wir unsere Bratwürste zerkleinern und dabei eingehend Frau Müllers Gesicht studieren, geht Klaus, die Pflegedienstleitung, an uns vorbei. Er dreht seine tägliche Runde auf der Suche nach Dingen, die er kritisieren kann, und hat unser Gespräch mit angehört.

»Na, die wird wieder das Gebiss von der Anni Jakob im Mund haben«, sagt er spitz. »Da müsst ihr schon ein bisschen besser aufpassen.«

Und Klaus hat recht. Schon beginnt das Geschrei am Nachbartisch:

»Schwester, die Frau Müller hat mir schon wieder meine Zähne geklaut.« Sofort ist die Altenheimpolizei vor Ort, hat Frau Müller überredet, die Zähne herauszugeben und nach einigem Suchen auch deren eigene Zähne ausfindig gemacht. Zum Reinigen hatte sie diese in die Blumenvase gegeben. Es lebe die Kukident-Werbung! – die sich offensichtlich so eingeprägt hat, dass selbst noch die Dementen daran denken, dass sie ihr Gebiss ab und zu durchblubbern lassen müssen. Anni mache ich noch einmal klar, dass sie ihre Zähne nicht einfach unbeobachtet liegen lassen soll – beim Essen ist es sowieso sinnvoller, sie drin zu lassen. Das ist das Beste für sie und für alle anderen. Mal sehen, wie lange sie es diesmal durchhält.

Als alle ihre Zähne wiederhaben und mit den Dritten strahlend in die Runde lächeln, kann ich mich wieder Frieda widmen, die nun endlich ihren Mund leer gegessen hat und auf den nächsten Löffel wartet. Die Lästereien am Tisch rechts von uns haben noch immer nicht aufgehört:

»Na ja, was willst du von so einer dreckigen Polin auch erwarten? Die leben ja sowieso wie die Viecher. Wie sollen die da richtig essen können? Ich bin so froh, dass ich im Krieg auch meinen Beitrag dazu geleistet hab, das deutsche Blut rein zu halten.«

Schroff fahre ich Hans an:

»Dein reines Blut hat dich aber nicht vor einem Schlaganfall bewahrt.«

Sogar die Harte Hanna kann ein Grinsen nicht unterdrücken, als Hans die Gesichtszüge entgleisen. Ich habe aber keine Zeit, mich an meinem verbalen Triumph zu erfreuen. Ein Blick auf Sopherl zeigt mir, dass es jetzt tatsächlich unappetitlich wird. Ihr spitzes Näschen läuft, und mit dem Grießbrei schaufelt sie sich auch den Rotz in den Mund. Da war der Brei wahrscheinlich wieder ein bisschen fad, aber das muss ja nun doch nicht sein. Mit einem schnellen Handgriff habe ich Sophie die Nase abgeputzt, als Klaus erneut vorüberkommt. Er deutete auf Gerd, der am Ende der Tafel zufrieden scheinbar kleine Schokostückchen in seinem Schüsselchen Grießbrei verrührt, während die anderen mit Sauerkirschen vorliebnehmen müssen, und fragt:

»Sagt mal, gibt es heute auch Schokocreme zum Grießbrei?«

»O nein, Gerd!«

WUNDEN – JETZT NUR NICHT SCHWÄCHELN

Erst zwei Wochen später führt mich mein Weg wieder durch die Pforte der Frankenruh. Nach vierzehn Tagen wohlverdientem Urlaub heißt es Dienstantritt zum Morgenappell. Mein Urlaubsantrag war diesmal problemlos durchgegangen, normalerweise ist das ein Hauen und Stechen. Schon Ende des Jahres müssen die Urlaubsanträge für das kommende Jahre eingereicht werden. Wenn dann endlich auch der letzte Antrag eingetrudelt ist, entscheidet die PDL, die Pflegedienstleitung, wer wann seinen Urlaub nehmen darf. Mehr als zwei bis drei Fachkräfte auf einmal können bei uns nämlich in den seltensten Fällen gleichzeitig in Urlaub gehen. Wie viele Leute dann tatsächlich dafür notwendig sind, um den Betrieb in einem Heim aufrechtzuerhalten, ist eine etwas komplizierte Rechnung. Sie hängt davon ab, welche Pflegestufe die Bewohner haben. Wie viele Fachkräfte und Helfer man für diese Leute braucht, darüber entscheidet dann der Pflegeschlüssel. Man kann also nicht einfach mal sagen: »Mensch, unsere Leute hier sind total überfordert und kommen mit der

Pflege nicht hinterher. Ich stelle jetzt noch eine Fachkraft und drei Helfer ein. Versicherung, rück mal ein bisschen Geld dafür raus.« Denkste! Wenn der Pflegeschüssel sagt, dass hier 2,25 Fachkräfte reichen, dann müssen die reichen. Mehr Geld gibt es nicht. Basta. Also muss bei der Urlaubsplanung dafür gesorgt werden, dass diese 2,25 Personen auch immer da sind – mit den entsprechenden Helfern.

Kolleginnen mit Kind haben bei der Urlaubsplanung natürlich Vorrang. Daher versuche ich, bei meiner Planung sämtliche Schulferien großräumig zu umgehen. Das erhöht die Wahrscheinlichkeit, tatsächlich auch im gewünschten Zeitraum freizubekommen, deutlich. Wobei mir Anfang November jetzt wohl sowieso niemand in die Quere gekommen wäre. Meine Schwester ist mit ihrem Freund gerade in eine neue Wohnung gezogen, und da kann man sich leider seiner familiären Verpflichtung nicht entziehen. Daher habe ich die erste meiner zwei Urlaubswochen Tapeten von den Wänden gekratzt, Decken gestrichen (ich werde mich nie mehr über meinen Beruf beschweren), Möbel und Kisten geschleppt und die hart arbeitenden Fußballerkollegen meines Schwagers in spe mit Brezen und Wienerwürstchen versorgt. Die zweite Woche haben wir es uns bei spätherbstlichen zwölf Grad auf Balkonien gemütlich gemacht, die frisch gestrichenen Wände durch die Balkontür bewundert, uns dafür gegenseitig auf die Schulter geklopft und mit gutem fränkischem Bier den Grill eingeweiht. Um sicherzugehen, dass mein langersehnter und wohlverdienter Urlaub nicht durch etwaige Anrufe aus der Frankenruh gestört wird, habe ich in der Arbeit natürlich angegeben, dass ich mit meiner Familie vierzehn Tage zum Wandern in den Harz fahre. Das ist eine Versicherung dagegen, dass mich tatsächlich keiner meiner Kollegen anruft, wenn die Hütte brennt und Not am Mann ist.

»Wer fährt heute denn noch in den Harz?«, fragen Sie? Na ja, viermal im Jahr auf die Malediven ist bei unserem hervorragenden Gehalt eher nicht drin, das wirkt also unglaubwürdig. Wobei es eigentlich in den seltensten Fällen vorkommt, dass man tatsächlich im Urlaub angerufen wird. Was ich allerdings schon erlebt habe, war, dass ich an meinem freien Wochenende, das sich an fünf Tage Urlaub anschloss, von einer Kollegin angerufen und um Hilfe gebeten wurde. Da habe ich dann auch ohne Zögern zugesagt – nach einer Woche fällt dir daheim sowieso die Decke auf den Kopf. Aber selbst wenn dem nicht so gewesen wäre, sagst du nicht Nein, wenn du eine heulende Kollegin an der Strippe hast, die es schon bei vier anderen probiert hat, die alle nicht abgenommen haben (die Rufnummernerkennung hat eben nicht nur Vorteile). Und da du in einem sozialen Beruf arbeitest und folgerichtig ein sozialer Mensch bist, lässt du die Arme nicht hängen, sondern stehst eine Stunde später im Altenheim und fütterst Frieda, anstatt dir selber beim Brunch den Bauch vollzuschlagen.

Aber diesmal habe ich Glück gehabt: kein Anruf, keine Bettel-SMS, daher eile ich heute beschwingten Schrittes über den Parkplatz. Dass mich niemand angerufen hat, um mich zum Einspringen zu bewegen, heißt natürlich nicht, dass mich *niemand* angerufen hat. Denn mit Olga hänge ich natürlich auch an meinen freien Tagen und im Urlaub zusammen. Wenn wir uns nicht sehen, um am Wochenende gemeinsam auszugehen oder einen Kaffee zu trinken, hängen wir jeden zweiten Tag am Telefon, um uns gegenseitig mit dem neuesten Klatsch und Tratsch zu versorgen – nicht nur aus unserem Freundeskreis, sondern natürlich auch aus dem Altenheim. Und – Asche auf mein Haupt – es überwiegen die Lästereien. Selbstverständlich nur über die echten Drückeberger unter den Kollegen. Zum Beispiel Anja:

»Die Anja hat sich diesen Monat schon zum zweiten Mal krankgemeldet. Rückenschmerzen.«

»Die soll sich mal vorschriftsmäßig bücken, wenn sie die Leute lagert. Dann hat sie auch keine Schmerzen mehr.«

»Oder unseren Job in Vollzeit machen, dann kann sie uns was von Rückenschmerzen erzählen.«

Hört sich fies an? Nur bedingt. Denn wenn jemand zu faul ist, seinen Hintern wegen eines Zipperleins in die Arbeit zu bewegen, dann heißt das, dass ein anderer, der an diesem Tag eigentlich frei hätte, in die Frankenruh muss. Und wenn Sie sich an meinen rumpelstilzchenhaften Auftritt vom Beginn unserer Bekanntschaft erinnern, dann wissen Sie, welche Freude da aufkommt. Aber genug geschimpft, mich hat es ja nicht erwischt. Für Anja musste eine andere Kollegin einspringen. Und Klaus, die Pflegedienstleitung, hat bestimmt mal wieder nichts dazu gesagt, dass sie zum vierten Mal in Folge am Wochenende krank geworden ist.

Heute beginne ich meinen Dienst schon um halb sechs, denn bevor ich mich in die Frühschicht stürze, will ich einen

Blick auf die Dokumentationen werfen, um mir einen Überblick zu verschaffen, was in den letzten beiden Wochen so passiert ist. Natürlich hält mich auch Olga auf dem Laufenden, wenn es zum Beispiel einem Bewohner plötzlich viel schlechter geht, und es gibt ja auch die Übergabe, in der man darüber informiert wird, was zu beachten ist und was sich in der Zeit der Abwesenheit verändert hat, aber so gehe ich auf Nummer sicher. Da ändern sich Medikamentendosen oder ein ehemals fitter Bewohner hatte einen Schlaganfall und kann jetzt nicht mehr selber zum Essen kommen. Das ist alles wichtig für die eigene Ablaufplanung – und solchen Überraschungen will ich zuvorkommen.

Tatsächlich hatten wir auch mal den Fall, dass es einem Bewohner plötzlich wieder deutlich besser ging. Es war ein noch relativ junger Mann, er hatte mit fünfzig einen Schlaganfall erlitten und war nach der Reha zu uns gekommen, wo er nur noch depressiv vor sich hin gestarrt hatte. Die Familie hatte zwar verschiedene Anträge gestellt, um ihm eine zweite Reha zu ermöglichen, war damit aber nicht durchgekommen. Dann fing sich der Mann tatsächlich eine so heftige Lungenentzündung ein, dass er mehrere Wochen ins Krankenhaus musste. Und mit einem Mal war der Weg frei für eine zweite Reha. Als er nach vier Wochen wieder zurückkam, war er wie ausgewechselt, voller Lebensmut und bestens gelaunt. Ich muss aber leider sagen, dass das eher die Ausnahmen sind. Meistens geht es dann doch in die andere Richtung: abwärts.

Mein heutiger Blick in die Dokumentationen zeigt mir, dass sich in den letzten zwei Wochen keine gravierenden

Veränderungen ergeben haben, und ich ziehe mich um für meine Schicht. Die Alten machen mir den ersten Arbeitstag nach dem Urlaub leicht:

»Schön, dass du wieder da bist, Steffi. Wie war der Urlaub?«

»Gut siehst du aus. Sehr erholt.«

Da lacht doch das Altenpflegerherz, und das Waschen geht einem gleich doppelt so leicht von der Hand. Dadurch bleibt auch ein bisschen mehr Zeit zum Plaudern, was die alten Leute natürlich besonders freut.

Als Nächstes ist Gerd dran. Ich führe ihn ins Badezimmer und hole sein Duschgel aus dem Schrank. Normalerweise kaufen wir im Heim immer für alle zusammen ein. Eine Betreuungskraft zieht dann los, um Körperpflegemittel wie Duschgel, Zahnpasta, Rasierschaum und Bodylotion für alle Bewohner zu besorgen. Das sind dann natürlich nicht die teuersten Sachen, aber offen gesagt: Die Discounterprodukte waschen auch nicht schlechter als die hochpreisigen Markenprodukte. Wer besonders trockene Haut, Schuppen oder irgendwelche Allergien etc. hat, für den wird extra eingekauft. Das Ganze wird dann jeweils am Monatsende auf die Rechnung für die Verwandten oder Betreuer gesetzt. Manche Angehörige wollen ihre Omas und Opas ein bisschen verwöhnen und kaufen dann ein besonders gutes Duschgel oder Shampoo – oder zum Beispiel mal einen Mach3, da rasiert es sich gleich viel besser. Nur beim Klingennachschub sind sie dann manchmal nachlässig. Aber da jammere ich jetzt auf hohem Niveau.

Gerds Tochter Tanja hat für ihn ein spezielles Duschgel gekauft. Sie ist eine der Angehörigen, die sich gerade im

Hinblick auf die Körperpflege sehr liebevoll um ihre Verwandten kümmern. Auch Bertas Nichte Monika gehört dazu. Sie ist Friseurin, und einmal im Monat macht sie mit ihrer Mutter einen Beautytag. Und weil Sophie mit im Zimmer liegt, darf sie auch mitmachen. Die drei Damen sitzen dann im Zimmer, Moni schnippelt und dreht Haare auf Dauerwellenwickler (allerdings nur bei Berta; Sophie will sich nicht von ihren langen glatten Haaren trennen, auch wenn ihr geflochtenes Zöpfchen immer dünner wird), während Sophie und Berta alkoholfreien Prosecco schlürfen. Berta dürfte ja Gehaltvolleres trinken, aber bei Sopherl verträgt sich der Alkohol nicht mit den Tabletten. Dann gibt es eine Maniküre und den neuesten Klatsch und Tratsch aus der Gegend. Da macht es wirklich Spaß zuzuschauen.

Als ich das Duschgel in der Hand halte, wundere ich mich, wie schwer die Flasche noch ist. Dabei wird Gerd doch schon seit zwei Wochen damit gewaschen. Und »gewaschen« heißt tatsächlich: ein- bis zweimal in der Woche duschen, außerdem jeden Tag Gesicht, Hände, Achseln, Intimbereich und Füße. Mit einem Lappen von oben bis unten. So wie man sich eben auch daheim wäscht. Wer es in die umgekehrte Richtung macht, der ist übrigens nicht nur in der Pflege fehl am Platze, dem möchte ich auch lieber nicht die Hand schütteln.

Als ich den Deckel öffne und probeweise die Flasche leicht zusammendrücke, kommt mir sofort Duschgel entgegen. Randvoll. Meine gute Laune ist binnen eines Sekundenbruchteils verflogen. Fragen, wann er zum letzten Mal richtig gewaschen worden ist, kann ich Gerd leider nicht. Er würde sich wahrscheinlich nicht einmal daran erinnern, was es zum Frühstück gegeben hat. Aber für mich sieht das verdächtig danach aus, als wäre er in den letzten Tagen allenfalls einer Katzenwäsche unterzogen worden. Dabei ist Gerd durchaus keiner von denen, die sich wehren, wenn es ans Waschen geht. Gerade bei den Dementen gibt es ja viele solche Fälle. Die fangen schon an, um sich zu schlagen und zu schreien, wenn sie nur den Waschlappen sehen. Da musst du dann wirklich kämpfen und versuchen wenigstens das IKM, das Inkontinenzmaterial, zu wechseln – also die Einlagen in den Netzhöschen oder aber die Windel. Da kannst du dann aber nicht einfach in die Dokumentation schreiben: *Hr. Schubert lässt sich nicht waschen*, denn dann gibt es Ärger mit dem MDK, dem medizinischen Dienst der Krankenversicherung, der regelmäßig unter anderem anhand der Dokumentationen genau überprüft, ob auch alles ordnungsgemäß abläuft im Altenheim. Da muss es dann schon ausführlicher heißen: *Hr. Schubert schrie, ich solle ihn in Ruhe lassen. Es war PK* (der Pflegekraft – also mir) *nicht möglich, Hrn. Schubert zu beruhigen. IKM-Wechsel konnte unter Aufbringung aller Überredungskünste durchgeführt werden.* Denn sonst gibt es Ärger mit der Aufsicht.

Dabei wehren sich die Leute in erster Linie, weil sie dement sind und nicht begreifen, warum das Waschen so notwendig ist – »Ich hab mich doch gerade erst gewaschen« –, und nicht, weil sie sich schämen würden oder weil es ihnen unangenehm ist, von jemandem gewaschen zu werden. Denn das bekommt man mit etwas Erfahrung und gutem Willen eigentlich immer ganz gut hin. Die Bewohner nicht hetzen, immer den Eindruck vermitteln, dass das jetzt für keine der beiden Parteien etwas Außergewöhnliches ist, dann entsteht hier gleich eine Stimmung, in der sich niemand genieren muss.

Aber, wie gesagt, Gerd ist keiner, der sich wehren würde. Da hat irgendeine gestresste Kollegin die Gelegenheit ergriffen, ein bisschen Arbeit wegfallen zu lassen, weil Gerd ja sowieso nicht weitererzählen kann, wie oft und wie gründlich er gewaschen wird. Kurz mit einem feuchten Lappen übers Gesicht und die Hände gewischt, einmal durch die fedrigen Haare gekämmt, das geht natürlich viel schneller, als Gerd tatsächlich vorschriftsgemäß zu waschen.

Wobei ich selbst auch keine Heilige bin. Ich habe Sie nämlich vorhin ein bisschen angeflunkert. Eigentlich sind wir tatsächlich dazu angehalten, nicht nur Hände, Gesicht, Achseln, Intimbereich und Füße jeden Tag zu waschen, sondern auch Arme, Beine und Rücken. Das mache ich natürlich im Sommer, wenn uns allen bei 30 Grad im Schatten der Schweiß in Sturzbächen herunterläuft. Aber wenn es jetzt in den Winter reingeht, dann ist es kontraproduktiv, Beine und Arme (Achseln werden wohlgemerkt täglich gewaschen) mit Duschgel zu drangsalieren. Denn die sowieso schon trockene Haut der Alten wird durch das tägliche Waschen nur noch trockener – da kann auf der Verpackung tausendmal »Für die reife Haut« draufstehen. Und wie willst du dich denn an den Beinen dreckig machen, wenn du den ganzen Tag im Bett liegst oder mit dem Rollator durch die Gegend fährst? Also lasse ich jeden zweiten Tag das Waschen von Armen, Beinen und Rücken aus und creme sie nur schön mit Bodylotion ein – außer natürlich, jemand hat sich bis zum Rücken hoch eingestuhlt. Meine Alten haben eine geschmeidige Haut, weder wund noch aufgesprungen, und alle duften bestens. Das mache ich so, weil ich von einigen Vorschriften einfach nicht überzeugt bin, und nicht, weil ich zu faul bin, die alten Menschen entsprechend zu pflegen.

Während Ihnen dieser Punkt sicherlich einleuchtet, gibt es im Altenheim auch Sachen, bei denen der Laie entsetzt aufschreit, weil er glaubt, dass die Bewohner misshandelt werden; Sachen, bei denen man aber auch mit der besten Pflege nichts machen kann. Das fängt schon mit den blauen Flecken an. Die alten Leute sind in ihrer Koordination einfach stark eingeschränkt, und sie können sich noch so anstrengen, beim Umlagern den Hintern hochzuheben, damit es etwas leichter geht: Es stößt sich immer wieder mal jemand mit dem Oberschenkel an der Bettkante, und am nächsten Tag prangt hier ein riesengroßes, grün-blau-gelb-schimmerndes Hämatom. Da ist es dann sinnvoll, auch in die Doku zu schreiben, dass sich der Bewohner gestoßen hat, denn sonst kann es auch vorkommen, dass man daheim angerufen wird, woher die Frau Huber den riesigen blauen Fleck am Oberschenkel hat. Das hat nichts mit Überwachung zu tun, aber wenn der MDK die Dokumentationen prüft und liest: *Mittwoch – großflächiges Hämatom am rechten Oberschenkel*, dann ist es ein Problem, wenn die Ursache am Vortrag nicht erwähnt wurde.

Noch so ein Problem ist die Pergamenthaut der Alten. Die ist nämlich so empfindlich, dass sie schon beim kleinsten Stoß reißen kann. Meist schiebt sie sich dann auf, wie die Haut auf dem Pudding. Das sieht dann aus wie ein Dreieck, weshalb wir bei uns im Heim immer von »Triangeln« sprechen. Hört sich jetzt an wie eine Kleinigkeit, blutet aber wie verrückt. Wir hatten mal einen dementen Bewohner, der trotz aller Sicherheitsvorkehrungen immer wieder aus seinem Bett geklettert ist und sich – natürlich – dabei immer wieder angestoßen hat. So einer sieht dann aus, als wäre er Teil eines Zombie-Geschwaders. Das erklär mal einer den Angehörigen!

Hat die Person dann noch Durchblutungsprobleme, kann so etwas schnell mal zu einem offenen Bein werden. Denn dadurch, dass das kaputte Gewebe nicht entsprechend durchblutet wird, verheilt die Wunde nicht gut, Bakterien siedeln sich an, und das Bein gammelt vor sich hin. Das Schlimme ist: Du kannst da tatsächlich nicht viel machen. Vorsorge wird natürlich großgeschrieben, aber wenn du übergewichtig bist und Diabetes hast, dann bist du schon ein Kandidat dafür. Für *Ulcus cruris*, so heißt das offene Bein in der Fachsprache, steigt uns auch der MDK nicht aufs Dach, denn das ist eine Erkrankung, bei der wir auch mit der besten Pflege nichts ausrichten können.

Ähnlich ist es mit dem diabetischen Fuß, bei dem wir besonders vorsichtig sind, denn schon die kleinsten Verletzungen können da verheerende Folgen haben. Man kann von Glück sagen, wenn der Fuß nur »austrocknet« und sich schwarz färbt. Eine Mitschülerin in der Altenpflegeschule hat mir damals erzählt, dass sie beim Verbandswechsel zwei Zehen im Verband liegen hatte. Die waren einfach abgefallen. In so einem Fall ist es besser, wenn du morgens nicht gefrühstückt hast. Wobei ich mich schon gefragt habe, weshalb bei dem armen Menschen nicht vorher amputiert wurde!

Färbt sich der Fuß jedoch grün, wird es ekliger. Das gärt dann schön vor sich hin und sorgt beim Verbandswechsel für Freude im ganzen Zimmer. Aber beschweren tun sich die Zimmermitbewohner in der Regel nicht. Ihre Windeln duften ja auch nicht nach Rosen. Da muss man dann eben gemeinsam durch.

Um das Risiko solcher Infektionen gering zu halten, dürfen wir Altenpfleger solchen Kandidaten nicht die Fußnägel schneiden. Auch die Pediküre, die immer wieder zu uns Heim kommt, traut sich an solche Bewohner nicht ran. Allein Podologen dürfen sich hier noch mit den Füßen beschäftigen. Das sind Fuß-Heilkundler, die genau wissen, wie die Nägel geschnitten werden müssen und die Hornhaut entfernt werden muss, damit sich daraus keine Brutstätte für Bakterien entwickelt.

Aber wie gesagt: Auch das sind keine Sachen, die als Pflegefehler bezeichnet werden können. Das sind ganz normale Verfallserscheinungen, gegen die wir nichts ausrichten können. Wichtig ist, dass wir die entstandenen Wunden perfekt versorgen. Die genauen Anleitungen dazu kommen direkt vom Arzt oder von einem »Wundmanager«, also einem speziell für die Versorgung von Wunden ausgebildeten Fachmann, vom Sanitätshaus.

In einigen Fällen entscheiden wir uns auch ganz bewusst dafür, »falsch« zu handeln. Wenn jemand im Sterben liegt, dann zerre ich ihn zum Beispiel nicht mehr unter die Dusche. Und der Sterbeprozess kann sich manchmal über

Wochen hinziehen. Natürlich wird die Person gewaschen, wenn sie sich eingestuhlt hat, die Zähne werden geputzt und alles wird möglich gemacht, um sie so sauber wie möglich zu halten, aber das muss dann reichen. Wir machen nur noch die Sachen, die der Sterbende will und kann. Das hat auch etwas mit würdevollem Sterben zu tun.

Aber dann gibt es natürlich Dinge, die in einem Heim auf keinen Fall vorkommen dürfen. Dekubitus ist so ein Fall, ein Liegegeschwür. Es entsteht, wie der Name schon sagt, dadurch, dass jemand zu lange auf einer Stelle liegt. Sein Gewicht drückt dann zu lange auf diese eine Stelle, sie wird nicht mehr gut durchblutet und daher auch nicht ausreichend mit Nährstoffen und Sauerstoff versorgt. Außerdem wird der »Abfall« aus den Stoffwechselprozessen nicht abtransportiert, und langsam, aber sicher werden die Zellen geschädigt. Da kann dann bei Stufe 1 eine leichte Hautrötung sein, bei Stufe 4 kann ein Loch entstehen, das so tief geht, dass nicht nur Muskeln und Sehnen, sondern auch Knochen betroffen sind. Googeln Sie das mal – ich erspare Ihnen lieber die genauere Beschreibung. Dekubitus ist ein Pflegemangel und ein Grund, ein Heim zu schließen.

Heutzutage ist das System mit dem mehrmals täglichen Umlagern aber so ausgefeilt, dass man in Heimen eigentlich keine Fälle mehr findet – allenfalls ersten Grades, das sind dann dauerhafte Rötungen, denen man dann schnell entgegenarbeitet. Außerdem gibt es sogenannte Wechseldruckmatratzen, die ein Wundliegen verhindern sollen. Die bekommt man aber erst verschrieben, wenn man schon einen Dekubitus hat. Schon etwas paradox. Wenn aber Menschen daheim von ihren Angehörigen gepflegt werden, dann kann das immer wieder vorkommen, wobei die Leute heute schon viel besser informiert sind als noch vor ein paar Jahren.

Den Fall, von dem ich vorhin beim Essen schon berichtet habe, habe ich tatsächlich vor fast zehn Jahren bei meinem ersten Schülerpraktikum in der Realschule erlebt. Die arme Frau hatte eine etwa Fünf-Mark-Stück große offene Stelle auf dem Rücken, allerdings war das Gewebe darunter in etwa der Größe einer Orange abgestorben. Das spürte man auch, wenn man die Haut um die Wunde herum abtastete: Darunter war kein festes Fleisch mehr, sondern nur noch Luft. So stand ich also mit meinen zarten fünfzehn Jahren daneben, während die Fachkraft einen halben Meter verklebtes Füllmaterial aus der Wunde holte:

»Du schlägst dich gut. Die anderen sind fast ohnmächtig geworden.«

Gegessen habe ich an dem Tag trotzdem nichts mehr. Dafür habe ich die nächsten Wochen in der Schule ordentlich angegeben und behauptet, ich hätte das Füllmaterial selbst aus der Wunde gezogen. Nun ja, ein bisschen auf den Putz hauen darf man doch schon, wenn man so tapfer war, oder?

Damit solche Fälle in der Pflege nicht mehr vorkommen, gibt es heute also detaillierte Vorschriften, wie oft gelagert werden muss und wie die Alten sonst zu behandeln sind. Damit man auch schön nachweisen kann, dass all diese Vorschriften befolgt werden, gibt es die schon mehrfach erwähnten Dokumentationen. Dass das jedoch schnell auch mal in einen Dokumentationswahnsinn münden kann, das haben Sie sicherlich schon gemerkt. Sicher: Die Dokus als Kontrollinstrument sind selbstverständlich unerlässlich. Nur so lässt sich kontrollieren, ob die Bewohner eines Altenheims auch wirklich gut gepflegt werden. Doch dadurch, dass wir inzwischen jeden Furz auf- und genauestens beschreiben müssen, verbringen wir mehr Zeit damit, die Akten penibelst zu führen, als uns um unsere Alten zu kümmern. Denn wenn hier irgendetwas nicht passt, gibt es Ärger mit dem MDK. Oder sogar mit der Heimaufsicht, einer staatlichen Stelle, die überprüft, ob das Heim auch die Anforderungen des Heimgesetzes erfüllt. Die Heimaufsicht kann einen Aufnahmestopp verhängen oder sogar ein Altenheim zumachen. Und zwar nicht nur, wenn es einen Fall von Dekubitus gibt, sondern auch, wenn sich Ungereimtheiten in den Dokumentationen zeigen. Vor einigen Wochen machte in einem Heim eine Ortschaft weiter die Heimaufsicht einen Riesenaufstand, weil, so hieß es, in den Dokumentationen immer wieder mal ein Handzeichen gefehlt hatte (also die Unterschrift dafür, dass man bestimmte Sachen erledigt hat; wie bei der Putzfrau auf der Liste im Kaufhausklo) und die Krankheitsverläufe nicht ordentlich dargestellt waren. Dabei, so hieß es angeblich sogar im Bericht der Heimaufsicht, waren die Bewohner komplett zufrieden und bestens gepflegt, aber die Dokumentationen waren eben mangelhaft. Da hatte man sich in dem Heim etwas zu sehr um die Menschen und weniger um die Verwaltung gekümmert. Aber das geschriebene Wort zählt eben mehr als das gesprochene und der Augenschein. Andererseits würde wahrscheinlich ein Dementer auf die Frage, ob er häufig genug gewaschen wird, natürlich immer mit Ja antworten. Insofern ist es sinnvoll, alles zu dokumentieren und dafür zu sorgen, dass auch alle Vorschriften eingehalten werden – bitte verstehen Sie mich da nicht falsch. Aber wenn Zeit Mangelware ist, dann ist es um jede Minute schade. Vielleicht wäre eine etwas ausgewogenere Gewichtung von Dokumentationen, Befragungen und Augenschein die Lösung? Aber wie dem auch sei: Auf jeden Fall sitze ich aus Angst vor Kontrollen nach dem Ende meiner Schicht immer zwanzig Minuten länger am Schreibtisch und sorge dafür, dass meine Dokumentationen top in Schuss sind – das machen jedoch nicht alle Kollegen, daher gibt es ja auch immer wieder Ärger.

Und solche schwarzen Schafe wie meine Kollegin, die sich offensichtlich nicht optimal um Gerd gekümmert hat, einfach weil er es nicht weitererzählen kann, die fallen dann bei den Kontrollen auch schnell mal durchs Raster, denn ihr Kreuzchen beim Waschen machen sie ja trotzdem. Sie hat ihn ja auch gewaschen, nur eben etwas »anders«. Solche Kollegen sind es auch, die schmutzige Betten mit einem neuen Durchzieher (das ist eine Einlage, die den Bezug schützen soll, aber manchmal geht eben auch etwas daneben) bedecken, anstatt sie frisch zu beziehen. Die Bewohner, die sie betreuen, haben klebrige Hände, Schlafsand in den Augen. Wenn du nach drei Tagen frei zurückkommst, kannst du am Belag in den Mündern sehen, dass hier die letzten drei Tage nicht mehr geputzt wurde – nicht zuletzt am Spinat vom Freitagsessen, der am Sonntagabend noch zwischen den Zähnen hängt.

Natürlich sind mir auch schon Sachen passiert, bei denen ich in einem nicht so hellen Licht erschienen bin. So gibt es ja zum Beispiel bekanntermaßen Herren, die eine Vorhautverengung haben. Da darf man die Vorhaut gar nicht über die Eichel ziehen, weil man sie ja sonst nicht mehr vorbekommt. Das nennt man »spanischer Kragen«. Die Eichel läuft dann blau an und schwillt an, weil die Blutzufuhr abgedrückt wird. Im schlimmsten Fall muss notoperiert werden. In solchen Fällen zieht man beim Waschen die Vorhaut so weit zurück, wie es geht, und wäscht so gut wie möglich. Natürlich ist das nicht hundertprozentig sauber, aber die Herren dieser Generation haben etwas gegen Beschneidung, und da fangen wir bestimmt nicht mehr mit 78 mit dem Herumschnippeln an. Wenn man also einen Herrn wäscht, den man nicht kennt, und beim Zurückziehen der Vorhaut einen Widerstand spürt, dann zerrt man nicht weiter daran herum, sondern wäscht so gut, wie man waschen kann. Ich wusste in diesem Fall jedoch nicht, dass die Vorhaut dieses einen Herrn sich schon zurückschieben lässt, aber eben nicht so geschmeidig ist wie bei anderen, und habe es auch nicht mit Gewalt versucht. Meine Kollegin damals hat dann lieber einer Dritten erzählt, ich pflege die Alten nicht ordentlich, als mich persönlich darauf anzusprechen. Den Herrn wasche ich inzwischen auch richtig. Aber es ist eben ein Unterschied, ob du einmal nicht vorschriftsgemäß wäschst, weil du zu vorsichtig bist, oder ob du tatsächlich einen Bewohner nach einer Woche mal wieder übernimmst und dort so viel Smegma findest, dass dir übel wird.

Diese Leute, die nicht richtig waschen und auch sonst in der Pflege nachlässig sind, sind nicht »überfordert«. Es ist nicht so, dass sie sich einfach »nicht mehr anders zu helfen wissen«. Solche Kolleginnen sind einfach faul. Ich habe überforderte Altenpflegerinnen gesehen. Frauen, die weinten, weil sie trotz aller Mühen einen Bewohner wieder nicht dazu bekommen hatten, wenigstens einen winzigen Bissen zu sich zu nehmen. Die dir mit tränenüberströmtem Gesicht bei der Übergabe erzählen, dass sie es heute selbst zu dritt nur mit Ach und Krach geschafft haben, bei Herrn Schneider die Einlagen zu wechseln. Das ist Überforderung, und das sind Tage oder Stunden der Verzweiflung und Hilflosigkeit. Aber die anderen, diese schwarzen Schafe, sind einfach empathielose Holzklötze, die in der Altenpflege fehl am Platz sind. Es sind eigentlich so wenige, aber sie machen doch so viel kaputt. Denn ihre Fehler sorgen dafür, dass ihre Kollegen noch mehr unter Druck geraten, und zwar genau diejenigen, die sich die Dinge sowieso schon so sehr zu Herzen nehmen.

Langsam führe ich Gerd in die Dusche, wasche seine Haare und seife ihn von oben bis unten ein. Ein Blick in seine Ohren bestätigt: Auch hier hat schon einige Zeit keiner mehr ordentlich sauber gemacht.

Natürlich hätte ich die Möglichkeit, einen Blick in den Schichtplan zu werfen und herauszufinden, welche der Kolleginnen sich nicht einmal die Mühe gemacht hat, Gerd die Überreste seiner letzten Fäkalspielerei unter den Fingernägeln hervorzukratzen, doch ich seufze resigniert: Tatsächlich zu suchen – dafür habe ich keine Zeit, und darauf habe ich eigentlich auch gar keine Lust.

Während ich Gerd den Rücken ordentlich eincreme, lächle ich ihn an:

»Dann mach eben ich dich heute richtig sauber.«
Sein zahnloses Grinsen ist Belohnung genug.

Dennoch: Zwei Tage später gärt und brodelt es noch immer. Lästern mit Olga hat mir nicht geholfen. Ich bin immer noch wütend, als wir uns im Schwesternzimmer zu einer Teamsitzung versammeln. Hier geht es um Schichtpläne, Pausenregelungen, um Fallbesprechungen, falls sich einer unserer Bewohner als sehr schwierig erweist und wir gemeinsam den Umgang mit ihm abstimmen wollen. Bei uns im Haus setzen sich die Pflegedienstleitung, also die oberste Verantwortliche für die Pflege im Haus, und die Fachkräfte zusammen. Die PDL kennen Sie schon: Klaus, der wie gewohnt zügig durch die Programmpunkte schreitet. Verredete Zeit ist Zeit, die wir nicht mit der Pflege verbringen. Bevor er die Runde jedoch aufhebt, ergreife ich das Wort:

»Mir ist nach meinem Urlaub aufgefallen, dass einige der Bewohner nicht ordentlich gewaschen waren. Gerd hat vor zwei Wochen ein neues Duschgel bekommen. Und das war noch nicht mal zu einem Viertel leer. Duscht ihr daheim auch so? Reicht da das Duschgel auch für sechs Monate?«

Während ich weitererzähle, fange ich an, mich zu ereifern, und kann kaum noch an mich halten. Ich rede von Smegma so dick, dass es sich unmöglich innerhalb eines oder zweier Tage gebildet haben kann, von Ohrenschmalzklumpen so groß wie Erbsen, von eingestuhlten Betten, die nicht neu bezogen, sondern nur mit einem Durchzieher abgedeckt werden, von vollgepinkelten Unterhosen, die von den Dementen über die Heizung gehängt und wieder angezogen werden, ohne dass es irgendjemandem auffällt. Ich schimpfe blind in den Raum hinein und merke gar nicht, wie ich immer lauter werde. Als ich nach fünf Minuten fertig bin, glüht mein Kopf, und ich schwitze wie nach einem Dauerlauf.

Unbehagliches Schweigen.

Klaus räuspert sich.

»Das ist natürlich nicht schön, was du uns hier erzählt hast, Steffi. Was sagen die anderen? Ist euch auch schon mal so etwas aufgefallen?«

Schweigen im Walde.

Anja ist die Erste, die sich rührt:

»Na ja, wenn, dann passiert so was doch nur ausnahmsweise. Das macht ja niemand absichtlich.«

Gertrud, eine junge Fachkraft, die etwa seit einem Jahr bei uns im Heim ist, springt ihr bei:

»Manchmal rutschen einem Kleinigkeiten durch. Das ist ja nur menschlich.«

»Und nachvollziehen, wer das genau war, kann man schließlich auch nicht mehr. Da kann man ja nicht alle so pauschal verurteilen.«

»Das war keine Kleinigkeit«, werfe ich ein. »Gerd ist zwei Wochen lang nicht richtig gewaschen worden.«

»Na ja, wenn er nicht will. Ich zwinge da keinen«, wirft Anja mir schnippisch hin.

Bevor ich etwas erwidern kann, fällt mir Klaus ins Wort:

»Ich denke, wir sehen alle, dass das nicht optimal gelaufen ist. Wir halten zukünftig die Augen besser offen und schauen, dass das in Zukunft nicht mehr vorkommt. Einverstanden?«

»Ja«, schallt die kollektive Erleichterung durch den Raum, und schneller als eine Klasse Pubertierender haben sich meine Kolleginnen von den Plätzen erhoben, um so schnell wie möglich aus dem Zimmer zu kommen. Selbst die, die perfekt arbeiten und eigentlich froh sein müssten, dass jemand die Missstände mal anspricht, sind nicht bereit, irgendetwas zu sagen. Weil sie zu feige sind? Später, in der Pause, werden sie wieder zu mir kommen und lästern wollen, ihr Herz ausschütten, darüber klagen, wie beschissen alles ist. Aber wenn sie in der Runde ihren Mund nicht aufkriegen, dann sollen sie mich gefälligst auch nicht volljammern.

Ich stehe auf, um ebenfalls den Raum zu verlassen, da spricht mich Klaus an:

»Steffi, ich verstehe, dass dich so etwas mitnimmt, aber der Ton geht gar nicht. So kannst du doch nicht mit deinen Kollegen reden. Da müssen wir eine Lösung finden!«

Hätte er mal während der Sitzung so durchgegriffen. Ich starre ihn wortlos an, dann lasse ich sie stehen und rufe auf dem Gang Olga an, die Nachtschicht hatte und deshalb nicht bei der Teamrunde dabei war.

»Ich hab heute alles angesprochen.«

»Und?«

»Nichts. Ich soll nicht so pampig sein.«

»Was hast du denn anderes erwartet?«

TRARI-TRARA, DER FRISEUR IST DA!

Trotz aller Enttäuschungen: Die Arbeit muss natürlich getan werden. Und wenn es auch in mir gärt und brodelt: Meine Arbeitsmoral leidet darunter nicht. Eher im Gegenteil: Wenn wir schon solche Blindgänger im Team haben, dann will wenigstens ich meinen Job gut machen und mich anständig um unsere Alten kümmern.

Und so sammele ich am nächsten Morgen die Bewohner ein, die heute beim Friseur einen neuen Haarschnitt oder eine neue Farbe verpasst bekommen sollen. Denn Letzteres gibt es natürlich auch im Altenheim noch – und das beschränkt sich nicht etwa nur auf Perlgrau, auch bekannt als »Oma-Lila«, sondern umfasst die komplette Farbpalette. Wer kennt sie nicht, die betagten Damen, die auch mit achtzig noch glänzendes blauschwarzes Haar haben? Es ist zugegebenermaßen auch ziemlich schwierig, beim Färben irgendwann den Absprung zu schaffen. Und so haben auch wir einige solcher Kandidatinnen:

»Ich färbe meine Haare, bis ich tot umfalle. Ich will ja schließlich auch noch im Sarg gut aussehen.«

Grundlage für meine Auswahl ist eine Liste, auf der wir eingetragen haben, welcher Bewohner in dieser Woche zum Friseur soll. Üblicherweise fragen wir bereits im Aufnahmegespräch, ob und wie häufig Opa die Haare geschnitten bekommt – und welche Leistungen in Anspruch genommen werden sollen. Meist sieht man das auch selbst schon sehr deutlich. Trägt Oma die klassische Krause, ist alle drei bis vier Monate Dauerwelle angesagt. Ist sie noch Mitglied der Geflochtenen-Zopf-Fraktion (leider vom Aussterben bedroht; nur wer über fünfundachtzig ist, trägt das heute noch – oder man ist super old-school), dann reicht ab und an Spitzenschneiden. Manchmal lässt sich auch von vornherein nicht einschätzen, wann der nächste Termin notwendig ist – das entscheiden wir dann. Haben die Angehörigen einmal die Erlaubnis zum Haareschneiden erteilt, dann sind wir befugt, zu entscheiden, wann bei Fritz mal wieder ein neuer Look notwendig ist. Und so mit gestutztem Kränzchen sieht er doch gleich viel besser aus.

Manche Angehörige entscheiden sich dann irgendwann dagegen, Oma eine kostspielige Dauerwelle verpassen zu lassen – nicht allein jedoch aus Kostengründen. Denn so eine Dauerwelle ist nicht nur teuer, sondern auch ziemlich aufwendig und braucht eine gewisse Pflege. Und bleibt die aus, verwandelt sich Oma gern mal in ein aufgeplatztes Sofakissen. Der »graue Afrolook« ist sehr verbreitet, wenn ein neuer Helfer, dem der Blick für dauerwellbehandeltes Haar noch fehlt, vergessen hat, einer der Damen nach dem Waschen die Haare aufzudrehen. Dabei ist das wirklich kein Hexenwerk: drei große Wickler auf den Scheitel, von vorne nach hinten aufdrehen, dann in drei

Reihen jeweils rechts und links von oben nach unten mit den kleineren Wicklern die restlichen Haare aufdrehen – fertig. Aber selbst, wenn man sich, wie ich, vom Friseur hat zeigen lassen, wie man die Haare idealerweise aufdreht, muss man bedenken, wie wenig Zeit uns für die Haarpflege zur Verfügung steht. Da ist das oft einfach nicht zu bewerkstelligen.

Allerdings informieren sich nicht alle, bevor sie sich am Haar der Damen zu schaffen machen. Da werden gerne mal die kleinen Wickler in den Pony gedreht, und selbst die grimmigste Kneifzange sieht dann plötzlich aus wie Miss Piggy. Ein häufiger Fehler ist es auch, die Wickler nicht von vorne nach hinten einzudrehen, sondern in umgekehrter Richtung. Dann hat man auf einmal verdammt viel Ähnlichkeit mit einem Blumenkohl. Wenn sich Angehörige also dagegen entscheiden, Omas (oder – It's Discotime – Opas) Dauerwelle zu erneuern, dann hat das häufig mehrere Gründe. Gerade auch bei dementen Bewohner, die durch ihren großen Bewegungsdrang einfach nicht so lange still sitzen können, bis alles ordentlich aufgerollt ist.

Allerdings gibt es natürlich so Horrorgeschichten, dass manchen Alten die Haare von Angehörigen auf zwölf Millimeter getrimmt wurden, um sich möglichst den Friseur zu sparen. So etwas habe ich jedoch persönlich noch nie erlebt. Wenn Angehörige tatsächlich den Alten die Haare selber schneiden – wie zum Beispiel Bertas Nichte Monika – oder sogar extra einen Friseur für Opa mitbringen, dann sieht das auch nicht schlechter aus, als wenn es tatsächlich der Hausfriseur macht.

Allerdings gibt es leider auch Fälle, bei denen wir aus Pflegegründen den Bewohnern die Haare komplett abrasieren müssen – zum Beispiel bei Schuppenflechten. Bei manchen ist diese Hautkrankheit tatsächlich so schlimm, dass sich großflächige Stücke verschorfter Kopfhaut lösen. Da versuch mal einer, das durch den Pelz hindurch ordentlich einzucremen oder auch sonst in irgendeiner Weise zu behandeln. Dann lieber Haare ab – Gesundheit vor Schönheit. Und wenn es dann am Kopf mal zu kalt wird, kann man immer noch ein schönes Mützchen darüberziehen.

In unser Heim kommt die Friseurin jede Woche, in manchen Einrichtungen mit weniger Bewohnern nur alle zwei Wochen. Glücklicherweise gibt es bei uns im Kellergeschoss ein großes Bad, ausgestattet mit einem mobilen Waschbecken aus Plastik, in dem Tina, die Friseurmeisterin, die sich um unsere Alten kümmert, so richtig schön nach Lust und Laune arbeiten kann. Auch sehr wichtig: eine kleine Stereoanlage, aus der Tina und die Damen mit den besten Schlagern, wenn nicht aus ihrer Jugend, doch zumindest aus ihren goldenen Fünfzigern, beschallt werden. Das ist nicht ganz Beautysalon auf Hauptstadtniveau, aber doch sehr viel mehr, als andere Heime bieten können.

Gibt es keine entsprechenden Räumlichkeiten, muss man nämlich improvisieren. Manchmal kommt der Friseur dann einfach direkt auf die Zimmer. Das ist für die Alten natürlich viel komfortabler – allerdings muss dann in jedem Zimmer anschließend geputzt werden. Oder aber – die Alternative des Grauens: Eines der großen Gemeinschaftsklos in den Aufenthaltsräumen wird in einen Salon umfunktioniert, und die Alten geben sich hier die Klinke in die Hand. Wenn einer von den Bewohnern dann mal dringend pinkeln will, muss er mit dem einzigen nicht besetzten Klo vorliebnehmen. Kein schöner Tag für uns Pflegekräfte.

Tina ist inzwischen seit über einem halben Jahr für unser Heim zuständig. Ihre Vorgängerin hat ihren Vertrag nicht verlängert, weil sie mit den Alten allgemein, insbesondere aber mit den schweren Pflegefällen nicht zurechtgekommen ist. Man muss schon zugeben: Nicht nur in der Ausstattung ist so ein Heim nicht mit einem normalen Friseursalon zu vergleichen. Da sitzen nämlich zwar auch viele alte, aber doch meist topsanierte Damen, die sich schon am Vormittag ein Gläschen Sekt und einen angeregten Plausch gönnen, während sie sich die Dauerwelle auffrischen lassen. Nein. Hier bei uns wird nicht schön darüber geplaudert, wohin man diesen Sommer in Urlaub fährt. Ein Altenheimfriseur hat Leute, die verwirrt vor sich hin reden, weil sie dement sind; Menschen, die halbseitig gelähmt sind und deren Kopf deswegen immer auf einer Seite liegt, sodass man ihnen nicht einfach so problemlos die Haare schneiden kann. Hier muss man erst den Rollstuhl fast komplett zerlegen, damit man gut an Kopf und Nacken der Bewohner kommt. Da klemmt man auch schon mal ein Kissen zwischen Schulter und Kopf, weil die Alten ihren Kopf einfach nicht mehr selber halten können. Damit ist die bisherige Friseurin einfach nicht zurechtgekommen, was man ihr wirklich nicht zum Vorwurf machen kann. Manche Leute können einfach gut mit den Alten – und manche eben eher nicht.

Tina gehört zur ersten Gruppe. Schon an ihrem ersten Tag bei uns im Heim habe ich sie ins Herz geschlossen. Da hatte ich nämlich Fritz in seinem Rollstuhl zu ihr in den Keller gefahren. Auf ihre freundliche Begrüßung hin hatte Fritz gescherzt:

»Na ja, so lange wird es bei mir ja nicht dauern. Meine Haare werden ja auch immer weniger.«

»Ach, wie ich immer sag: Lieber keine Haare als keine Zähne«, witzelte Tina, worauf Fritz mit einem breiten Grinsen seinen zahnlosen Kiefer zeigte.

Fettnäpfchen-Alarm!

Tina verzog aber keine Miene, grinste nur frech zurück und hatte mich so sofort auf ihrer Seite. Über Peinlichkeiten mit einem Lächeln hinweggehen, liebevolle Witze über Gebrechlichkeiten – da bin ich sofort dabei.

Außerdem hat sich Tina gleich an ihrem ersten Tag mit der Leitung angelegt, beziehungsweise mit jemandem, der sich für ebenso wichtig hält, nämlich einem aufgeblasenen Fuzzi aus der Verwaltung. Der dachte sich anscheinend: »Schauen wir doch mal, ob die neue Friseuse sich über den Tisch ziehen lässt«, und versuchte, Tina auch für Pflegetätigkeiten einzuspannen:

»Die Kapazitäten, dass wir Ihnen alle Leute vorbeibringen, haben wir nicht. Sie müssen die Bewohner schon selber aus den Zimmern holen. Sie verdienen ja schließlich auch Ihr Geld damit.«

Aber da war er an die Falsche geraten. Tina schaute ihn nur von oben herab an (Tina ist nämlich mit einem Meter sechsundsiebzig ein ganzes Stück größer als der aufgeblasene Zwerg Nase) und meinte:

»Ich bin nicht dazu ausgebildet, Menschen aus ihren Betten zu heben, sie richtig zu lagern und hinzusetzen. Wir können das gerne mit der Pflegedienstleitung besprechen.«

Gesagt, getan. Wir fahren weiterhin die Bewohner zu Tina.

Inzwischen sind wir Pflegekräfte und Tina ein eingespieltes Team. Wir wissen, wer wann zum Friseur muss, und waschen den entsprechenden Bewohnern dann extra an diesem Morgen die Haare, um Tina den Aufwand in ihrem kleinen »Salon« zu ersparen. Dafür unterbricht Tina auch bereitwillig einen Haarschnitt, wenn wir einem diabeteskranken Patienten seine Zwischenmahlzeit verabreichen müssen, und informiert uns genau, wie wir die Frisuren unserer Damen behandeln müssen, damit diese auch möglich lange in Form bleiben:

»Bitte bei einer Dauerwelle vierundzwanzig Stunden nicht waschen oder gar glatt föhnen. Da wirken die chemischen Prozesse noch nach!«

Sie kennt auch ihre Pappenheimer und fällt auf die kleinen Tricks der alten Damen nicht herein. Die Harte Hanna hatte natürlich gleich bei ihrem ersten Friseurbesuch versucht, das Beste für sich selbst herauszuholen. Vor ihr saßen drei Bewohner in der Reihe, als ich sie zum ersten Mal zum Frisierstübchen führte, weil sie den Weg noch nicht kannte. Die eine schlafend, wieder eine andere blätterte in einem *Goldenen Blatt* von 1997, der Dritte beschäftigte sich intensiv mit seinen Zähnen – nicht überraschend nach dem Frühstück. Das hieß für Hanna: lange warten. Aber Hanna ist ja nicht blöd, und so verkündete sie scheinheilig:

»Wissen Sie, ich habe eine Blasenschwäche. Sie müssen mich deshalb früher drannehmen, sonst halte ich das nicht aus.«

Haben Sie den Trick erkannt? Geschickter Ansatz: Die vermeintliche Angst der Friseurin davor, mit ihr auf die Toilette gehen zu müssen, geschickt genutzt, um die eigenen Interessen durchzusetzen. Nur weil Zwerg Nase an Tina gescheitert war, hieß das ja nicht, dass die Harte Hanna sie nicht übertölpeln könnte. Doch zu meiner Begeisterung antwortete Tina einfach abgebrüht:

»Ich kann Sie jederzeit zur Toilette begleiten. Das ist für mich gar kein Problem. Und Sie sehen ja noch ganz rüstig aus, da brauchen Sie doch sonst keine Hilfe, oder kriegen Sie das etwa nicht mehr hin?«

Hanna fiel daraufhin nichts mehr ein, lässt aber seitdem keine Gelegenheit mehr aus, um an Tina herumzukritteln. »Ganz schön kalt hier«, »Viel zu teuer für so einen Haarschnitt«, »Das Wasser ist ja viel zu heiß« – was Tina jedoch mit stoischer Ruhe über sich ergehen lässt.

Außerdem kann unsere neue Friseurin wirklich großartig mit Dementen umgehen. Wie zum Beispiel vor einigen Wochen, als Lina in ihrem Rollstuhl anfing zu schimpfen:

»Wie lange soll denn das hier noch dauern? Ich muss doch noch auf den Acker.«

»Auf den Acker wollen Sie? Aber es hat doch heute Morgen geregnet, das Heu ist noch ganz nass. Warten Sie lieber bis morgen.«

Nachdenkliches Schweigen.

»Ja, da haben Sie vielleicht recht.«

Bei dieser Gelegenheit saß ausnahmsweise auch Berta mit im Frisierzimmer. Während ihre Nichte Monika ihr regelmäßig die Haare schneidet und aufdreht, übernimmt Tina das Färben. Das ist in den speziellen Räumlichkeiten einfach besser zu handhaben. Sie hatte das Gespräch mit angehört und nahm daraufhin mit folgenden Worten Tinas Hand in die ihre:

»Sie sind so nett und so schön. Wenn Sie nicht schon verheiratet wären, dann hätte ich Ihnen schon längst einen Antrag gemacht. Ich war ja schon dreimal verheiratet – aber für Sie hätte ich es noch einmal probiert.«

Ich glaube, das war das erste und einzige Mal, dass ich Tina sprachlos erlebt habe.

Aber wie gesagt: Tina schlägt sich gut und kommt hervorragend mit den Bewohnern aus. Sie ist dabei einer von vielen Menschen, die immer wieder mit unseren Alten zu tun haben, ohne wirklich dafür ausgebildet zu sein. Wie zum Beispiel auch unsere Ergotherapeutin Kim. Bei ihr hat sich neulich Sopherl nicht nur übergeben, sondern dann auch noch das Weinen angefangen:

»Ich weiß gar nicht, wie das passieren konnte. Ich hatte doch gar nichts mit einem anderen. Ich schwör es dir!«

Nun, was macht man mit der eingebildeten Schwangerschaft einer über Achtzigjährigen?

»Ach, Sopherl, das ist doch kein Problem. Den Wurm ziehen wir gemeinsam auf!«

Nicht ganz so glimpflich kam unser Hausmeister Martin davon. Ein großer, breiter, eher schweigsamer Kerl, auf den unsere Damen ganz wild sind. Wenn er sich mit ihnen unterhält, behaupten sie hinterher gerne mal, er habe mit ihnen geflirtet. Wobei ich an einem »Na, Frau Schneider, was gab's denn heute Leckeres zu essen?« nun wirklich nichts Zweideutiges finden kann. Aber wenn's die Golden Girls freut ... Solange es ihren Blutdruck nicht zu sehr in die Höhe treibt, ein bisschen für ihn zu schwärmen, ist das völlig in Ordnung.

Dass Martin dann, obwohl er auch tagtäglich mit den Alten zu tun hat, doch kein Altenpflegespezialist ist, zeigt folgende Geschichte, mit der wir ihn lange aufgezogen haben:

Wir hatten einmal eine alte Dame, bei der die Demenz immer weiter fortschritt. Sie war aber bislang noch immer auf der normalen Station, drangsalierte dort jedoch die anderen Bewohner, ging einfach in fremde Zimmer, klaute Blusen und Unterhosen und beschimpfte ein paar Mitbewohner: »Ihr alten Deppen, ihr hört mir ja gar nicht richtig zu«, nur weil sie aus ihren wirren Reden nicht schlau geworden waren. Da sie außerdem immer wieder versucht hatte abzuhauen, hatten wir den Antrag auf die Unterbringung in der geschlossenen Abteilung des Heimes gestellt. Es ist nämlich so, dass man derart auffällige Menschen ohne Gerichtsbeschluss maximal vierundzwanzig Stunden »fixieren« darf – also am Bett festbinden, was natürlich sowieso niemand tun würde (am Stuhl schon eher, aber nur, damit der Bewohner nicht runterfällt), damit sie sich nicht selber verletzen –, und auch nicht länger in der geschlossenen Abteilung (wir sprechen da immer von der »Behütenden«) unterbringen darf.

Der Gerichtsbeschluss stand bei dieser alten Dame, sie hieß Margareta, noch aus. Da sie jedoch wieder einmal versucht hatte, abzuhauen, und sehr aggressiv geworden war, als wir versuchten, sie zum Hierbleiben zu überreden, brachten wir sie wieder – für vierundzwanzig Stunden – in die Behütende. Und hier begegnete ihr Martin.

Martin kannte sie natürlich schon von der anderen Station. Es überraschte ihn daher nicht, dass sie sofort auf ihn losstürmte und ihn bat, ihr herauszuhelfen. Offensichtlich hatte die arme alte Dame versehentlich im Aufzug den falschen Knopf gedrückt und war in der Behütenden gelandet – allerdings nicht mehr von hier weggekommen, da man auf diesem Stockwerk für den Aufzug einen Schlüssel braucht.

Also schloss der gutmütige Martin Margareta die Tür auf und brachte sie wieder auf ihren eigenen Flur. Als sie hier aus dem Aufzug trat, begann Margareta zu kreischen:

»Die haben mich oben eingesperrt. Diese Verbrecher wollten mich einfach festhalten! Wie eine Gefangene!«

Sie können sich vorstellen, was da los war. Es dauerte eine ganze Weile, bis wir Margareta beruhigt hatten. Martin schämte sich schrecklich für seinen Fehler. Aber wie hätte er es auch besser wissen sollen? Er kannte Margareta eben einfach von einem anderen Flur. Ein ausgebildeter Altenpfleger hätte wahrscheinlich auf der Station angerufen und erst mal nachgefragt. Aber aus Fehlern lernt man. Und Martin musste sich längere Zeit ein bisschen als der »große ritterliche Held« verspotten lassen, der die Prinzessin aus dem Turm befreit hat. Ist ja auch irgendwie süß!

In der Regel ist Tina mehrere Stunden im Haus. Kommt sie vormittags, bekommt sie noch einen Kaffee und ein Wurstbrot vom Frühstück ab, nachmittags versorgen wir sie mit Tee und Kuchen. Heute ist sie für 9 Uhr angekündigt. Deshalb sitzt Hanna auch schon seit halb neun vor dem Frisierzimmer, um auch ganz sicher die Erste in der Schlange zu sein. Als Tina um Punkt neun noch immer nicht da ist, breitet sich ein schadenfrohes Grinsen über Hannas Gesicht aus.

»Sie ist zu spät«, sagt sie zu mir, als ich in diesem Moment mit Frieda um die Ecke gebogen komme. Frieda gehört zu Tinas Stammkunden. Schon vor ihrem Schlaganfall ließ sie sich einmal die Woche die Haare aufwendig von Tina frisieren, passend zu ihren Perlenohrringen und ihrem Kaschmirpulli. Und wir achten darauf, dass das auch weiterhin so beibehalten wird – auch wenn Frieda ihre Wünsche nun nicht mehr selbst äußern kann.

Ich mache mir gar nicht erste die Mühe, auf Hannas Bemerkung zu antworten. Auf ihr Gezeter habe ich heute keine Lust. Einen Augenblick später kommt eine atemlose Tina den Gang entlanggehetzt:

»Tut mir leid, bei der letzten Kundin hat es etwas länger gedauert. Ich richte drinnen noch schnell alles her, dann können wir anfangen.«

Auf diesen Moment hat Hanna nur gewartet, und ein Sturm der Entrüstung bricht über Tina los:

»Sie sind über fünf Minuten zu spät. Ich sitze hier schon die ganze Zeit und warte. Das kann doch nicht wahr sein. Sie werden dafür bezahlt, dass Sie hier pünktlich erscheinen.«

»Wissen Sie, es tut mir sehr leid, dass ich zu spät komme. Aber ich habe noch ein Geschäft und musste heute Morgen eine Stammkundin für ein Familienfest frisieren.«

»Das sind doch nichts als blöde Ausreden.«

»Wenn Sie das für eine Ausrede halten, kann ich das leider nicht ändern. Dann habe ich aber auch keine Lust mehr, Ihre Haare zu schneiden. Sie können sich gerne auch selber jemanden hierherbestellen. Der kommt dann hoffentlich pünktlicher als ich.«

Hannas Stimme droht sich zu überschlagen:

»Wen soll ich denn da fragen?«

»Ich kann Ihnen jemanden empfehlen. Das ist überhaupt kein Problem.«

Mit diesen Worten zieht sie Hanna die Tür vor der Nase zu.

Dass Hanna ihre schlechte Laune nicht an Tina hat auslassen können, bringt sie noch mehr in Rage, und sie wendet sich mir zu, um weiter zu schimpfen:

»Das kann doch nicht sein! So ein Umgangston. Eine Unverschämtheit!«

Nun fehlt mir einfach die Selbstbeherrschung, um Hanna weiter zu ignorieren. Ich frage sie, ob sie sich jemals Gedanken gemacht hat, wie viel Tina arbeitet. Dass sie ein eigenes Geschäft hat, in dem sie fünfzig Stunden pro Woche steht, dass sie dennoch jede Woche zusätzlich für drei Stunden zu uns ins Heim kommt – und nicht schlecht gelaunt, sondern immer nett und freundlich. Dass sie einen Mann und zwei kleine Kinder hat, um die sie sich auch noch kümmern muss. Dass sie ihrem Geld hinterherrennen muss, wenn die Alten nicht selber zahlen können oder dürfen, dass sie nämlich extra in der Verwaltung vorstellig werden muss oder sich gar mit renitenten Betreuern herumärgert, die gern auch mal behaupten »Die Haare wurden doch gar nicht geschnitten«.

»Und dann kommst du daher und regst dich auf wegen fünf Minuten. Da sollte man sich eher über dich beschweren. Fang mal an, dir über andere Menschen Gedanken zu machen. Du bist nicht die Einzige, der es schlecht geht! So, und ich geh jetzt mit Frieda da rein, dein Termin hat sich ja erledigt, soweit ich das verstanden habe, oder?«

BERTA, DAS »LUDER«

»Steffi, ich muss unbedingt mit dir sprechen.«

Einige Tage später stürmt Olga, schon bevor ich überhaupt mein Auto abgeschlossen habe, auf mich zu mit einer Miene, die nichts Gutes verheißt. Offensichtlich wieder Stress mit ihrem Immer-mal-wieder-Freund Lars.

»Lars will mit mir zusammenziehen.«

Das ist mal ganz was Neues.

»Dabei hatte ich mir eigentlich gestern noch überlegt, ob ich nicht doch endgültig Schluss machen sollte.«

Mein Handy zeigt 6:29.

»Olga, wir müssen rein. Sonst kommen wir nicht mit der Arbeit hinterher. Lass uns später reden.«

»Später« ist im Altenheim tatsächlich »viel später«, denn für einen Plausch zwischendurch bleibt bei uns wenig Zeit. Während manch einer sich im Büro beim Kaffeeholen den zweiten oder dritten gemütlichen Plausch des Tages gönnt, bleibt uns Pflegekräften wenig Zeit, um uns privat auszutauschen. In der morgendlichen Übergabe geht es allein um die Alten, da haben wir keine Zeit zum Ratschen. Dann heißt es: Zack, zack auf die Zimmer, um auch alle rechtzeitig gewaschen und gekämmt zu bekommen. Aber das kennen Sie alles ja schon. In der Frühschicht habe ich normalerweise eine halbe Stunde Pause, aber auch da bleibt keine Zeit zum Ratschen, denn in der Regel zerstückele ich diese halbe Stunde in drei oder vier Raucherpausen. Diese sehen dann so aus, dass ich mir irgendwo, versteckt hinter Bäumen und Sträuchern, eine anstecke, vier tiefe Züge nehme und danach zurück ins Haus sprinte.

Klaus, die PDL, sieht das nicht so gern. Er pocht darauf, dass wir unsere halbe Stunde am Stück nehmen. Aber was er nicht weiß ... Die Raucherei an sich geht ihm sowieso ziemlich gegen den Strich. Vor allem, wenn zur Pausenzeit tatsächlich sieben Schwestern vor dem Heim stehen und sich am besten in nächster Nähe zu den Alten ihre Kippen reinziehen. Das macht keinen guten Eindruck auf die Angehörigen. Sehe ich auch so, weshalb ich also meinem Laster hinter dem Hibiskus fröne. Zum ausführlichen Reden mit Olga bleibt da aber keine Zeit. Danach die Hände ordentlich gewaschen, ein Spritzer Parfüm drauf, dazu ein Kaugummi in den Mund. Da soll mich mal einer überführen.

Erst nach der Schicht bleibt Zeit für ein paar Worte, allerdings haben Olga und ich es uns zur Gewohnheit gemacht, für die Kaffeerunde noch ein halbes Stündchen übers Schichtende hinaus in der Frankenruh zu bleiben, um uns noch ein bisschen mit unseren Alten zu unterhalten. Normalerweise müssen wir für die Sachen, die wir im Heim essen oder trinken, zahlen, aber so ein Kaffee ist für uns dann doch noch drin. Vor allem weil das entkoffeinierte Zeug wahrlich kein Hochgenuss ist und uns sowieso keiner zutraut, dass wir mehr als eine Tasse davon in uns hineinzwingen könnten. Und wenn sich der Koch tatsächlich einmal komplett verrechnet hat und zu viel übrig bleibt, dann bekommen wir auch einmal ein Schnitzel oder ein paar saure Zipfel ab – bevor das Zeug weggeworfen wird.

Beim Nachmittagskäffchen mit den Alten bleibt auch keine Zeit für Olga und mich, um uns über ihre neuesten amourösen Abenteuer auszutauschen, denn natürlich unterhalten wir uns mit den Bewohnern. Das versuchen wir selbstverständlich auch schon beim morgendlichen Waschen, aber bei so einer gemütlichen Kaffeerunde hat man dann doch etwas mehr Zeit zum Plaudern.

Die Alten wissen so ziemlich alles über mich – und meine Verwandtschaft. Welche Probleme meine Schwester beim Umzug plagen, welchen Ärger mein Vater mit seiner künstlichen Hüfte hat und welche Creme meine Mutter gerade für die alte, Verzeihung, »reife« Haut ausprobiert hat. Ich verbringe so viel Zeit mit meinen Alten und dringe in ihre intimsten und privatesten Lebensbereiche ein – da kann ich ihnen ja auch mal ein paar Einblicke in mein Privatleben gewähren. Manchmal sind ihre Ratschläge sogar sehr hilfreich. Manchmal eher nicht. Wie zum Beispiel der fachkundige Kommentar, als ich vor einigen Jahren mit einem Amerikaner angebandelt hatte.

»Die Amis, die haben lange Zipfel, aber richtig machen können's die nicht!«

Begleitet von der Warnung:

»Geh nicht nach Amerika. Die Amis, die haben nur Putenfleisch. Und das schmeckt nicht.«

Es lebe die vorurteilsfreie Welt!

Spaß macht es trotzdem, das Kaffeekränzchen mit den Bewohnern – aber für Olgas ganz private Probleme ist es dann vielleicht doch nicht das richtige Forum.

Erst als Alma die Bewohner für die Nachmittagsgymnastik einsammelt, ist es auch für uns Zeit, aufzubrechen.

Alma ist Betreuungskraft bei uns im Altenheim und kümmert sich wie eine Art Animateur um die Unterhaltung der Bewohner. Denn natürlich ist es nicht so, dass hier alle zwischen den Mahlzeiten sabbernd und vor sich hin starrend in ihren Zimmern oder auf den Gängen stehen und nur auf die nächste Abfüllung warten. Wobei – es gibt tatsächlich Heime, in denen ich das so gesehen habe. Da ist es aber dann häufig so, dass die Pflegekräfte sich auch um die Betreuung kümmern sollen, und das ist zeitlich einfach nicht drin. Wir kommen ja mit der Grundbetreuung kaum richtig hinterher. Für ein aufwendiges Bespaßungsprogramm bleibt da keine Zeit. Aber dafür gibt es ja bei uns Leute wie Alma. Sie organisiert zum Beispiel einen Schlagerkaffee, bei dem die Bewohner nicht nur zusammensitzen und Kaffee trinken, sondern auch alte Lieder aus ihrer Jugend hören und gemeinsam singen und schunkeln. Auch sehr beliebt ist die sogenannte Sinneswahrnehmung. Dabei kommen verschiedene Gerüche zum Einsatz, die die Alten erkennen und zum Beispiel mit bestimmten Erinnerungen in Verbindung bringen müssen. Angeblich kann man das auch als Methode zum Gehirnjogging für die Alzheimerprävention einsetzen. Ob das tatsächlich wirkt, ist noch nicht so ganz klar. Für uns hier im Heim ist es auf jeden Fall sinnvoll, denn es bietet immer einen Aufhänger für Gespräche, für den Austausch von Erinnerungen. Manchmal bringt Alma auch einfach nur eine Kiste mit alten Küchengeräten mit und verfolgt damit denselben Zweck: den Bewohnern die Möglichkeit zu geben, Erinnerungen hervorzukramen und davon zu erzählen, wie anders früher alles war.

Daneben gibt es zum Beispiel auch die »Tea time«, um statt immer nur Kaffee, auch einmal verschiedene Tees auszuprobieren und so die Sinne zu schärfen; oder auch einfach mal Ausflüge, seien es nun Spaziergänge wie am Wandertag in der Schule oder in der Weihnachtszeit Christkindelmarktbesuche im Ort. Da sind häufig dann auch die Angehörigen dabei, die ihre Mutter oder ihren Vater im Rollstuhl schieben. Schöne Ausflüge sind das, aber ich bin immer total hibbelig und froh, wenn die Betreuungskräfte uns dabei nicht brauchen. Ich habe einfach immer viel zu viel Angst, dass irgendetwas passiert oder mir einer verloren geht.

Auch die Kindergärten aus dem Ort kommen ab und an vorbei. Die Kleinen backen dann mit den Alten Plätzchen, wundern sich vielleicht manchmal »Weshalb ist der Opa so komisch?«, aber gehen über demenzbedingte Ausfälle mit einer größeren Nachsicht hinweg als die Erwachsenen – vielleicht, weil sie die Logik dahinter viel besser begreifen können als wir »Vernünftigen«.

In meiner Ausbildung, in der ich etwas mehr Zeit für die Alten hatte, habe ich auch ab und zu etwas zu essen mit ihnen für den Abend vorbereitet – sei es Wurstsalat oder Pizzabrötchen, aber die Zeiten sind für mich leider endgültig vorbei. Wobei das Kulinarische natürlich schon immer zieht. Neulich kam Alma mit strahlenden Augen ins Schwesternzimmer gestürmt und rief voller Begeisterung:

»Mädels – Schlachtschüssel! Was haltet ihr von Schlachtschüssel?«

Wir waren sofort hin und weg. Die meisten unserer Bewohner kennen solche Veranstaltungen aus ihrer Kindheit und Jugend: schön gemeinsam den ganzen Vormittag um den großen Kessel am Feuer sitzen, Wurst machen, Kesselfleisch essen (das Gehirn war dabei immer heiß umkämpft) und schnäpseln. Alma verhandelt gerade mit dem Veterinäramt, aber wenn das klappt, wäre das natürlich sehr genial! Besser als alle Sommerfeste, die wir bisher veranstaltet haben. Auch wenn wir das Fleisch sicherlich nicht in einem großen Kessel im Hof zubereiten dürften, sondern etwas weniger stilecht in der Küche kochen müssten.

Gerade im Bereich der sozialen Betreuung fällt jedoch immer wieder auf, wie sehr die Zivis fehlen. Schon allein, weil sie immer wieder auch frischen Wind in die Heime gebracht haben. Nichts für ungut, aber so ein Bufdi, ein Bundesfreiwilligendienstleister, der hat sich das ja lange und gut überlegt, ob er tatsächlich ins Altenheim will und seinen Dienst ableisten möchte. So ein Bufdi ist engagiert und motiviert, was sicherlich großartig ist, ich selbst habe noch keinen erlebt – aber die Zivis, das waren Jungs, die aus der Not heraus bei uns gelandet sind, die zum Teil alles andere als sozial engagiert waren, und oftmals vielleicht gerade deswegen mit einem flotten Spruch oder mit ihrer – ganz im positiven Sinn – unbedachten Art Schwung in die Heime brachten.

Es sorgt einfach für Lacher, wenn ein Bezirksligafußballer mit den Alten im Garten Fußball spielt und im Eifer des Gefechts auch einmal einen Opa umnietet, oder wenn ein Autonarr den Bewohnern im Detail auseinandersetzt, wie er seinen Honda hochgetunt hat. Unglaublich beliebt waren aber zum Beispiel auch ganz einfach die Zeitungsrunden am Morgen. Da setzte sich einer unser Zivis mit den Bewohnern zusammen und las aus der Zeitung vor. In gemütlicher Runde wurde dann über das Wetter geschimpft, über zu dumme Einbrecher gelästert, die von der Polizei gefasst worden waren, oder über die neuesten Fußballergebnisse diskutiert. Das machen die Betreuungskräfte natürlich auch noch mit den Alten. Aber mit der Unterstützung von ein paar Zivis kannst du solche Sachen wesentlich häufiger machen – und eben doch auf eine ganz andere »frische« Art. Und genauso schnell, wie die Alten die Zivis lieb gewannen, so schnell wuchsen auch die Alten den Zivis ans Herz. Der Abschied war jedes Mal schmerzlich, wenn wir uns alle noch einmal im Speisesaal versammelten, um »Auf Wiedersehen« zu sagen. »Ein Hoch auf unseren Zivi« hatte Alma einmal extra gedichtet. Es waren bittere Tränen, die so manchem großen Kerl über die Wangen rollten, wenn die brüchigen Stimmen bei »Unserem Zivi ein Hoch« verklangen.

Spannend ist es auch, wenn jemand zur Ableistung von Sozialstunden ins Altenheim kommt. Der arbeitet dann zwar nicht direkt mit den Alten zusammen, aber Zeit für einen flotten Spruch, während er im Garten das Laub zusammenharkt, bleibt da immer. Und manche kommen auf diese Art und Weise vielleicht sogar auf den Geschmack. Vorausgesetzt, dass unser Hausmeister sie nicht verprellt – denn der lässt solche Kandidaten mit Vorliebe die schmutzigsten Arbeiten erledigen. Zum Beispiel den Nassmüllcontainer putzen. Nassmüll sind alle Essensreste und Flüssigkeiten, die ein Altenheim so produziert (damit meine ich jetzt nicht Urin und so). Dieser Müll wird in einen Behälter in einem Kühlcontainer gekippt, aber dabei spritzt natürlich ab und an etwas daneben. Und diese reingeschimmelten Essensreste müssen dann mit dem Dampfstrahler aus dem Container entfernt werden. Prost, Mahlzeit, sage ich da nur.

Viele Heimleitungen haben jedoch ein Problem mit den »Verbrechern«, die ihre Sozialstunden ableisten müssen – daher sind diese doch äußerst selten bei uns zu sehen. Zivis gibt's auch nicht mehr, also bleiben nur noch die Betreuungskräfte, die leider in der Regel auch nicht so jung und männlich sind wie unsere Zivis. Das bedauern nicht nur die alten Damen, sondern auch die jungen Schwestern. Denn so wie angeblich ein Matrose in jedem Hafen ein Mädel haben soll, hatte jeder Zivi in der Regel mindestens eine Schwester. Alte Altenheimregel. Kann ich nur bestätigen.

Heute sammelt Alma die Bewohner ein für die Gymnastik im Freien. Obwohl es schon November ist, scheint – dem Klimawandel sei Dank – die Sonne immer noch mit herrlichen 11 Grad im Schatten. Also Mützchen auf, raus in die Sonne und Vitamin D tanken – der Winter wird früh genug kommen.

Wer beim Sport nicht mehr mitmachen kann, für den gibt es die Möglichkeit, sich zumindest auf einem automatischen Rad geschmeidig halten zu lassen. Und wenn man nicht mehr selbst treten kann, werden hier einfach die Beine eingespannt und automatisch bewegt. So werden die Gelenke nicht steif, und die Muskeln bauen nicht so stark ab.

Alle anderen machen in der Regel bei der Gymnastik mit. Die hat Gott sei Dank nichts mit dem gemein, was ich in der Altenpflegeschule gelernt habe: »Du bist ein großer Baum. Deine Äste strecken sich nach oben, der Sonne entgegen, und jedes Blatt wendet sich den leuchtenden Strahlen zu.« Weil ich mich in der Ausbildung geweigert hatte, bei solchem »Kindergartengeäffel« mitzumachen, habe ich damals prompt eine mündliche Sechs kassiert. Aber das war es mir wert. Bei Alma heißt es stattdessen schlicht: »Jetzt strecken wir uns ganz hoch, so hoch es geht.« So geht es doch auch! Dennoch bin ich froh, dass ich nicht Betreuungs-, sondern Pflegekraft bin. Das Spaß-auf-Knopfdruck-Ding ist einfach nicht meine Sache, aber Alma ist wirklich großartig: Die Harte Hanna hat sie schon eingesammelt, obwohl die sich wie immer sträubt. Aber das macht sie ja aus Prinzip. Eigentlich gefällt es ihr, unter Leuten zu sein. Berta ist auch immer einer der Quengelkandidaten:

»Ach, Alma, ich habe jetzt nach dem Kaffee eigentlich gar keine Lust.«

»Das wird dir guttun nach dem langen Herumsitzen. Du musst auch nur so lange mitmachen, wie du es aushältst.«

Olga und ich helfen Alma gemeinsam mit den anderen Pflegekräften, die Turner in die Sonne zu bringen, dann setzen wir uns zu zweit außer Sichtweite hinter den Hibiskus. Von hier aus haben wir einen schönen Blick über den hinteren Teil des Gartens, eine große Rasenfläche, die immer wieder von kleinen Sträuchern oder Baumgruppen unterbrochen wird.

Letztes Jahr hat Alma versucht, hier ein Gemüsebeet anzulegen. Aber ihre Bemühungen waren leider nicht von Erfolg gekrönt – wobei das Scheitern nicht an den ungünstigen Wetterbedingungen lag. Das ganze Unternehmen stand von Anfang an unter keinem guten Stern. Etwa fünfzig Prozent der Beete hatte Gerd bei seinen alltäglichen Gartengängen umgegraben, wenn er das dringende Bedürfnis verspürte, sich zu erleichtern. Nun ja – und stellen Sie sich mal vor, Sie müssten bei einem gemütlichen Spaziergang einmal ganz dringend. Richtig: Sie suchen sich ein ruhiges Örtchen und vergraben dann Ihre Hinterlassenschaften. Das Gemüsegärtchen am Ende des Gartens war hierfür der ideale Ort. Damit, dass Gerd sich vielleicht insgeheim für eine Katze hält, wie seine Angehörigen immer wieder vermuten, hat das gar nichts zu tun. Und Sie haben ja auch schon gelernt, dass Demente durchaus nicht verrückt sind.

Obwohl dann – so gut gedüngt – doch einige Tomatenstauden emporgewachsen waren, hatte Alma keine rechte Freude daran. Bevor die kleinen grünen Dinger überhaupt größer als Murmeln waren, hatten unsere Bewohner die Tomaten schon abgepflückt und aufgefuttert. Deshalb macht Alma dieses Jahr lieber wieder mehr Gymnastik.

Während sie nun mit den Alten turnt, ziehen Olga und ich synchron an unseren Zigaretten, und Olga hat endlich Gelegenheit, mir ausführlich ihre Liebes- und Leidensgeschichte zu erzählen.

Olga kennt Lars schon seit zwanzig Jahren. Die beiden haben sich im Kindergarten kennengelernt. Von diesem Moment an waren sie die allerallerallerbesten Freunde. Ich überspringe die folgenden Jahre. Es kam, wie es kommen musste: In der Zeit der Bushaltestellengangs wurde nach tausend Berührungen aus Freundschaft mehr, und inzwischen sind die beiden seit über acht Jahren immer mal wieder ein Paar gewesen.

»Weißt du. Gestern dachte ich mir dann wieder so: ›Das kann doch nicht sein, dass das der einzige Typ sein soll, mit dem ich jemals in meinem Leben geschlafen habe.‹ Und während ich darüber nachdenke und überlege, wie ich das jetzt ansprechen könnte, meint Lars doch allen Ernstes zu mir: ›Findest du nicht auch, dass wir langsam zusammenziehen sollten? Ich hätte total Bock!‹ Na ja, und da konnte ich jetzt nicht kommen und sagen: ›Eigentlich denke ich grad drüber nach, ob ich noch mit dir zusammenbleiben will.‹«

Eine Antwort fällt mir schwer. Olga und Lars sind für mich das ideale Pärchen. Aber weil ich selber kein Kind von Traurigkeit war, kann ich natürlich verstehen, was in Olga vorgeht. Ich meine: Es ist schon hart, wenn sich Olga bereits mit Mitte zwanzig die Frage stellt: Soll das jetzt wirklich schon alles gewesen sein?

Ich nehme noch einen Zug von meiner Zigarette, bevor ich zu einer Antwort ansetze. Da erscheint Bertas rot glühendes Gesicht über der Hecke:

»Madla, ihr müsst mir helfen. Ich kann nicht mehr.«

Berta hat sich von der Gymnastik abgesetzt – verstecken muss sie sich jedoch nicht. In Sachen Betreuung ist bei uns alles freiwillig. Aber wenn es etwas Aufregung in Bertas Dasein bringt, lassen wir ihr gerne die Illusion, dass sie tatsächlich auf der Flucht ist, und gewähren ihr großzügig Unterschlupf.

»Ich hoffe, ich störe nicht«, ächzt sie kurzatmig.

Berta stört nicht. Vor ihr kann man sich auch über ernstere Themen unterhalten. Und Liebesgeschichten sind für sie so notwendig wie die Luft zum Atmen. Auf ihrem Nachtkästchen stapeln sich Cora-, Bianca- und zerlesene Hedwig-Courths-Mahler-Heftchen (»Der Klassiker! Ohnegleichen!«). Da kommt ihr eine echte Liebesgeschichte gerade recht.

»Olga will mit ihrem Freund Schluss machen. Aber er hat sie gerade gefragt, ob sie nicht zusammenziehen wollen.«

Berta reißt die Augen auf, das ist ein Thema ganz nach ihrem Geschmack.

»Aber warum willst du dich denn von ihm trennen? Du hast doch immer so nette Sachen von ihm erzählt?«

»Ach, weißt du, ich mag ihn schon, aber manchmal nervt er mich, und manchmal streiten wir auch, und ich frag mich, ob er mich überhaupt noch wirklich liebt, und manchmal denk ich, ob es nicht schade ist, dass ich mich nicht unter den vielen anderen Männern ausführlicher umschauen konnte.«

Jetzt bin ich gespannt, was Berta darauf sagen wird. Sie selbst war dreimal verheiratet und hat, glaubt man ihren Erzählungen, auch zwischen ihren Ehen nichts anbrennen lassen. Daher lässt Berta normalerweise keine Gelegenheit aus, um damit zu prahlen, was sie alles erlebt hat, wie gut sie bei den Männern ankommt und welche Erfahrungen sie gesammelt hat. Legendär ist zum Beispiel ihre folgende Aussage zu den Parteien des Zweiten Weltkriegs: »Die Russen sind grob, die Franzosen reden geschwollen daher, die Deutschen kannst du sowieso in der Pfeife rauchen, und die Amis, die sind dumm. Aber die Italiener, Madla, die sind feurig ...!«

Ganz still sitzt Berta jetzt da, bis sie langsam zu einer Antwort ansetzt.

»Ach, weißt du, ich war ja ein paarmal verheiratet. Aber ich hab jeden davon so geliebt, als wäre er der Einzige. Du brauchst doch gar nicht nach den anderen schauen, wenn du schon den Richtigen hast. Denn Streit hast du doch mit jedem einmal, und auf die Nerven wird dir auch jeder gehen. Ich hab meinem zweiten Mann jeden Sonntag das halbe Geschirrregal hinterhergeschmissen. Aber nur weil ihr euch streitet, heißt das doch nicht, dass er dich nicht liebt – und dass du ihn nicht liebst!«

Wir schweigen, jede starrt stumm vor sich hin. Über Bertas Gesicht huscht ein kleines Lächeln. Ich bin mir sicher, dass sie sich an die sonntäglichen Streitigkeiten mit Ehemann Nummer zwei erinnert. Olga ist ganz still. Berta hat ihr besser geholfen, als ich es jemals gekonnt hätte. Ich schmunzle in mich hinein. Wer hätte das gedacht: so ein Rat von unserem »Luder«!

Die Stille wird gestört von einer Stimme, die hinter dem Gebüsch fragt: »Was macht ihr denn da?«

Sopherl hat sich – typisch für den Bewegungsdrang der Dementen – ebenfalls von der Gymnastikgruppe abgesetzt. Heute finden wir wohl kein ruhiges Örtchen mehr. Olga und ich beschließen, später noch ausführlich zu telefonieren. Als wir hinter dem Gebüsch hervorkommen, steht Sophie vor uns, in der einen Hand eine halbe Nacktschnecke. Sie kaut genüsslich vor sich hin. Nachdem es dieses Jahr keine unreifen Tomaten gab, muss man sich eben anders behelfen.

»Magst du auch ein Stück?«, bietet sie mir den schleimigen Rest ihrer Zwischenmahlzeit an.

»Vielen Dank, Sopherl«, sage ich, nehme ihr das letzte Stück ab und werfe es zwischen die Bäume. Was sie schon im Mund hat, lasse ich ihr. So eine Schnecke ist ja auch sehr eiweißreich, und mit den Dritten lässt sich bis ins hohe Alter kraftvoll zubeißen.

Berta hakt Sopherl unter und macht sich mit ihr auf den Weg zum Eingang:

»Komm, Oma, jetzt gehen wir wieder rein nach dem anstrengenden Sport.« Berta ist 76 Jahre alt, Sopherl 85. Na ja, man selber wird ja nicht alt, nur die Menschen um einen herum. Deshalb beschweren sich auch immer wieder Bewohner, dass sie keine Lust haben, mit »diesen ganzen alten Leuten« zusammenzuwohnen.

Olga und ich laufen über die Rasenfläche vor dem Haus zu unseren Autos, vorbei an einigen Bewohnern, die nach der Gymnastik noch vor dem Heim stehen:

»Also, Schätzelein, wir gehen heim! Bis morgen, ihr Hübschen. Macht's gut! Hans, alter Grummel: Ärger mir die Kollegen nicht! Und Hanna: Nicht im Sitzen schlafen, sonst beschwerst du dich morgen wieder, dass dir der Nacken wehtut. Leg dich hin, meine Gutste!«

»Ich? Mich beschweren? Ich bin der geduldigste Mensch in diesem blöden Heim. Dabei hätte ich wahrhaftig Grund, mich zu beschweren! Unverschämtheit!«

EINER FLOG ÜBER DAS KUCKUCKSNEST

Nachtdienst auf unserer Behütenden. Während das ganze Haus in Ruhe daliegt, nutze ich die Gelegenheit zwischen den drei Kontrollgängen (da werden die Leute gelagert, Einlagen gewechselt und ich schaue, ob noch alle leben; Nachtdienst heißt nicht nichts tun, vor allem wenn man sich mit der Unterstützung von einem einzigen Pflegehelfer um ein Hundert-Betten-Haus kümmern soll), um meine Dokumentationen durchzusehen und auf den neuesten Stand zu bringen. Sicher ist sicher. Seid allzeit bereit – denn ihr wisst nicht, wann die Heimaufsicht kommt.

Was ist denn die Behütende?, fragen Sie jetzt. Ich habe vorhin schon kurz davon erzählt: Das ist unsere geschlossene Abteilung. Aber beim Begriff »Geschlossene« denkt man gleich an kreischende, an ihren Betten festgeschnallte Psychopathen. Eine andere Bezeichnung, die für diese Abteilung häufig Verwendung findet, trifft es wohl am besten: die »Beschützende«. Hier werden Menschen vor den Folgen ihres Handelns geschützt, die sie selbst nicht mehr einschätzen können. Damit das auch gut funktioniert, hat die

Beschützende einen höheren Pflegeschlüssel als andere Abteilungen, das heißt, hier sind mehr Pflegekräfte pro Bewohner eingeteilt.

Ein bisschen darüber, wie man in die Beschützende kommt, haben Sie schon gehört. Man muss tatsächlich für die anderen Bewohner im Heim untragbar geworden sein oder aus irgendwelchen sonstigen Gründen mehr Aufsicht nötig haben. Dass man den ganzen Tag herumschreit, reicht da noch lange nicht aus. Das müssen die anderen dann – so unangenehm das auch sein mag – leider aushalten. Auch Alte, die sich am Mittagstisch splitterfasernackt ausziehen, sind noch keine Kandidaten für die Behütende. Das ist zwar kein sonderlich schöner Anblick, aber einen Freiheitsentzug rechtfertigt das noch lange nicht – dann nimmt der Herr sein Essen eben ab sofort auf seinem Zimmer ein. Fritz hat das zum Beispiel so für sich durchgesetzt, und wenn er ganz hartnäckig ist, bekommt er sein Essen sogar im Bett serviert – allerdings hatte er nur mit dem Ausziehen gedroht. Er hatte nämlich beobachtet, wie sich ein paar Tage zuvor einer der dementen Bewohner im Speisesaal ausgezogen und fortan sein Essen auf dem Zimmer erhalten hat.

»Was muss ich denn noch alles machen, damit ihr Weiber mich nicht immer aus dem Bett zerrt! Wenn ihr mich nicht auf dem Zimmer essen lasst, leg ich morgen mein Prachtstück auf den Esstisch.«

Wir haben klein beigegeben. Wie könnte man einem Charmebolzen wie Fritz auch etwas abschlagen?

Erst wenn es richtig heftig wird (wie zum Beispiel bei Margareta, von der ich Ihnen schon erzählt habe, die immer wieder die Zimmer der anderen durchwühlt und die Bewohner angegriffen hatte), geht es auf die Beschützende. Dafür muss jedoch festgestellt werden, dass eine FEM, eine freiheitsentziehende Maßnahme, notwendig ist. Ein Vormundschaftsgericht bestätigt dann den entsprechenden Antrag.

Dass man dann wie ein zweiter Mollath im finsteren Loch vor sich hin vegetiert, davor muss man sich nicht fürchten, denn nach einer bestimmten Zeit kommt ein Verfahrenspfleger vom Amt, der überprüft, ob der Unterbringungsbeschluss weiterhin gerechtfertigt ist oder eventuell aufgehoben werden muss. Wann das der Fall ist? Nun, wenn zum Beispiel jemand inzwischen bettlägerig und damit gar nicht mehr in der Lage ist, die anderen Bewohner zu drangsalieren – oder abzuhauen. Denn das ist der zweite wichtige Grund, weshalb Leute auf der Behütenden landen: akute Fluchtgefahr. Gerade Demente zeichnen sich durch einen unglaublich starken Bewegungsdrang aus. Das ist auch die Ursache dafür, dass man sie häufig nicht wirklich in die Aktivitäten des Heims einbinden kann. Sie haben kein Sitzfleisch und wollen dauernd weg, egal wohin. Hauptsache laufen. Damit sich diese Alten auf der Behütenden nicht zu eingeschlossen fühlen, werden für sie Türen mit Bildern – zum Beispiel von einer Backsteinmauer, natürlich passend zum restlichen Wandmaterial – beklebt, die suggerieren, dass sich hier keine verschlossene Tür befindet, durch die sie nicht gehen dürfen, sondern dass der Gang hier einfach endet. Auf diese Art und Weise fühlen sich die Bewohner nicht eingesperrt, sondern nehmen die Wand einfach als natürliche Grenze wahr.

Aber komplett übertölpeln lassen sich selbst die verwirrten Alten natürlich nicht. Daher sind auch alle Türen gut gesichert. Sei es nun, dass sie nur mit dem entsprechenden Schlüssel zu öffnen sind oder dass eine Zahlenkombination notwendig ist, um bestimmte Schleusen zu passieren. Wobei ich tatsächlich schon von Fällen gehört habe, bei denen den Pflegekräften beim Tippen über die Schulter geschaut wurde: Code gemerkt – so unwahrscheinlich sich das bei einem Dementen jetzt anhört – und dann ab in die Freiheit. Da ist die kriminelle Energie des Hundertjährigen, der nur aus dem Fenster stieg und verschwand, nichts dagegen.

Doch noch ein weiterer Weg führt ins Freie – wenn man nicht ganz so gewitzt ist und tatsächlich den Hausmeister in perfekter Ausbrechermanier übertölpelt –, und zwar über die Feuerschutztüren. Diese dürfen – natürlich – nicht abgeschlossen sein. Sie sind zwar mit einem lauten Alarm gesichert, aber manchmal sind die Alten dann doch schneller als gedacht. Allerdings ist die Tür erst die halbe Miete, denn genauso wie wir bestimmte Durchgänge bekleben, um die Anwesenheit von Ausgängen zu verschleiern, genauso werden moderne Altenheime heute schon so angelegt, dass es dementen Personen ziemlich schwer gemacht wird, durchzubrennen. Drei Ortschaften weiter gibt es zum Beispiel ein Heim, das kreisförmig angelegt ist. Wenn also jemand zum Ausgang am »Ende des Gebäudes« will, dann kann er stundenlang im Kreis laufen. Draußen angekommen, gibt es dann den fiesen Trick der »toten Haltestelle«. Es werden einfach ein Schild und eine Bank aufgestellt, die suggerieren, dass hier in nächster

Zeit ein Bus vorbeikommt. Die Ausbrecher setzen sich in der Regel geduldig hin und warten. Zeit genug für uns, um sie wieder einzusammeln.

Solche Tricks hören sich für Sie menschenverachtend an? Menschenverachtender ist es in meinen Augen, einen Dementen, der schon völlig in seiner eigenen Welt lebt und gar nicht mehr weiß, wohin er eigentlich will, hilflos durch die Gegend irren zu lassen.

Aber natürlich fallen nicht alle Alten darauf herein. Zum Glück gibt es jedoch aufmerksame Nachbarn, die dann gern mal per Telefon Alarm schlagen:

»Ich habe gerade den Herrn Krant durchs Gartentürchen schlüpfen sehen. Darf er das?«

Und so manche Pflegekraft hat schon bei der Anfahrt auf dem Weg einen Flüchtigen eingesammelt. Einen unserer Alkoholkranken, der es auch wieder mal irgendwie geschafft hatte, aus der Behütenden auszubüxen, hat die Pflegedienstleitung direkt vor dem nächsten Wirtshaus aufgelesen. Man kennt eben seine Pappenheimer.

Richtig weit schaffte es in meinem ersten Ausbildungsjahr die hochgradig demente Carolina. Sie kam bis zum Bahnhof, wo sie dann auf den glatten Stufen ausrutschte und stürzte. Den herbeieilenden Passanten erklärte Lina vollkommen überzeugend:

»Ich war hier auf Besuch bei einer Bekannten und wollte eigentlich mit dem Zug zurück in die Stadt fahren.«

Lina war in diesem Moment sicherlich selbst völlig überzeugt von dem, was sie erzählte. Wie sollte sie auch sonst in diese missliche Lage geraten sein? Gerade als der

Krankenwagen Lina einpacken wollte, kam glücklicherweise eine unserer Fachkräfte auf der Suche nach ihr vorbei und konnte die Situation klären. Die Passanten hatten Linas Geschichte aber geglaubt. Weshalb auch nicht?

Die Angst, dass ein Bewohner wegläuft, ist also bei uns Pflegekräften trotz aller Sicherheitsmaßnahmen so groß wie bei einer Kindergärtnerin. Erst vor Kurzem versetzte Olga das gesamte Haus in Aufruhr, weil sie eine Bewohnerin einfach nicht finden konnte. Nach einer halben Stunde entdeckte sie sie im Kleiderschrank auf der Beschützenden. Weshalb es die Dame dorthin verschlagen hatte, war aus ihr nicht herauszubringen. Olga jedoch war unglaublich erleichtert.

Auf der Behütenden ist es auch nicht so, dass jeder in seinem Zimmer eingeschlossen würde, sondern es wird versucht, hier ein Umfeld zu schaffen, in dem sich die Alten trotz ihrer »Besonderheiten« so bewegen können, dass sie sich und andere nicht gefährden und auch keinen allzu groben Unfug treiben. In der Offenen ist es so, dass abends die Kleidung für den nächsten Tag herausgelegt wird. Versuch das mal einer in der Behütenden! Da braucht man sich nicht wundern, wenn am nächsten Tag alles vollgeschmiert, angetatscht und durcheinander ist. Wobei natürlich nicht jede Nacht auf der Behütenden Krawall und Remmidemmi ist – aber sicher ist sicher. Die Schränke sind auf dieser Station abgesperrt, damit niemand Sachen herausräumt und mit der sauberen Wäsche irgendwelche Dummheiten anstellt, sich zum Beispiel vier Pullover oder Strümpfe übereinander zieht. Die Dame, die Olga vermisst hatte, hatte sich im leeren Schrank in einem unbewohnten

Zimmer versteckt. Darauf soll erst mal einer kommen! Außerdem werden alle Duschgels, Zahnpastatuben, Cremes und dergleichen im Stationszimmer oder im Schrank aufbewahrt, um zu verhindern, dass deren Inhalt aufgegessen, getrunken oder auf der kompletten Station verteilt wird. Dass so ein Vorgehen vielleicht auch für die Offene sinnvoll sein könnte, hat sich erst unlängst wieder gezeigt, als sich Sopherl über die brennende Gesichtscreme beschwert hat. Da hatte sie sich mal wieder ihre Zahnpasta ins Gesicht geschmiert.

Obwohl wir also versuchen, die Möglichkeiten der Alten, Dummheiten anzustellen, so weit wie möglich zu reduzieren, muss man auf der Behütenden eigentlich laufend mit Überraschungen rechnen. Eben weil das Verhalten der hier untergebrachten Alten nicht mit unseren Maßstäben zu beurteilen ist. Erst vor einer Woche hat mich zum Beispiel ein Mann mit der Faust geschlagen, als ich mich über ihn beugte, um sein Kissen aufzuschütteln. Keine Ohrfeige, nein, ein richtiger Faustschlag – und auch mit 78 Jahren bekommt man das noch ganz gut hin. Ich bin sofort rausgegangen, um ihn nicht anzuschreien, und hab erst mal tief durchgeatmet. Eine Viertelstunde später hatte ich mich wieder im Griff und bin noch einmal zu ihm ins Zimmer. Anton lag friedlich in seinem Bett und schaute seelenruhig den *Landarzt*. An den Schlag erinnerte er sich gar nicht mehr.

Auch meine Waschkämpfe mit der Harten Hanna sind nichts im Vergleich zur Gegenwehr, die ich hier überwinden muss. Letzte Woche hatte ich Lore mit Ach und Krach ins Badezimmer bugsiert (manchmal brauchen wir dafür auch zwei Leute) und kniete gerade vor ihr, um ihr die Füße zu waschen, während sie auf ihrem Duschstuhl saß – da packte sie mich mit eisernem Griff und schubste mich unter den Wasserstrahl. Aber auch in so einer Situation gilt: Da musst du durch. Schimpfen hilft nichts – denn die meisten begreifen tatsächlich nicht mehr, was nun eigentlich das Problem ist. Also schnell umgezogen und weiter im Plan. Aber manchmal gibt es dann doch überraschend lichte Momente, wie bei Lore, einen Tag darauf:

»Haben wir uns gestern wieder gestritten?«
»Ja, Lore, das haben wir.«
»Das tut mir sehr leid.«
»Mir tut's auch leid, Lore.«

Man muss sich einfach bewusst sein, dass es einem Dementen nicht darum geht, dich zu ärgern. Er hat einfach nur seinen ganz eigenen Plan im Kopf, den du nicht verstehst – und den er häufig selbst nicht begreift. Deshalb schreie ich Anton nicht an, deshalb schubse ich Lore nicht auch unter die Dusche – so stark der Impuls in diesem Moment auch sein mag. Noch wichtiger als an irgendeinem anderen Ort bei uns im Heim ist auf der Behütenden in solchen Momenten Empathie – nicht die eigenen Maßstäbe zugrunde zu legen, sondern sich zu fragen: Was geht gerade in dem Bewohner vor? Hatte Anton vielleicht in diesem Moment schreckliche Angst vor mir oder fühlte er sich sogar bedroht?

Aber auch in weniger krassen Situationen lohnt es sich, kurz das Gehirn einzuschalten. Wenn Lore fünfmal am Tag verloren in ihrem Zimmer »Hallo?« ruft, dann macht es keinen Sinn, genervt in den Raum zu stürmen und pampig zu fragen: »Was ist denn jetzt schon wieder los?« Ein freundliches »Lore-Schatz, wie kann ich dir denn helfen?« wirkt in so einer Situation Wunder. Ein nettes Wort trägt so viel mehr zur Beruhigung bei als eine Dosis Melperon.

Aber dass das viele meiner Kollegen einfach noch nicht begriffen haben, zeigt ein Blick in die Dokumentationen, die ich gerade lese: *Frau Schlenz zeigt den gesamten Vormittag Anzeichen von Unruhe. Auch gutes Zureden seitens der PK zeigt keine Wirkung. 14 Uhr: Abgabe von 10 Milligramm Melperon. Als sich keine Veränderung einstellt: Um 16 Uhr weitere Gabe von 10 Milligramm.*

Kein Wunder also, dass Heidi – so heißt Frau Schlenz – geschlafen hat wie ein Baby, als ich den Nachtdienst angetreten habe. Und das in der Doku erwähnte »gute Zureden« kann ich mir lebhaft vorstellen. Heidi ist nämlich ein kleiner Spezialfall. Sie hat einen Tick: Manchmal steht sie plötzlich vor dir, streckt ihre Arme aus und stammelt nur noch »Händehändehände«. Manche Kollegen wissen mit derartigen Situationen einfach nicht umzugehen. Dabei will Heidi in solchen Momenten nur eines: berührt werden. Also nehme ich entweder ihre Hände oder umarme sie ganz fest, bis sie sich wieder beruhigt hat. Meine Kollegin Anja jedoch rennt in solchen Momenten wie ein aufgescheuchtes Huhn zum Medikamentenschrank:

»Die Frau Schlenz ist heute ganz unruhig, der muss ich unbedingt etwas geben.«

Da begreift die Fachkraft Sachen nicht, die unsere Friseurin Tina, obwohl sie keinerlei Ausbildung in diesem Bereich genossen hat, bereits nach wenigen Wochen verstanden hatte:

»Manchmal brauchen die Menschen eben Nähe. Das merke ich schon, wenn die Frieda zur Begrüßung meine Hand fest drückt. Dann nehme ich mir eben ein bisschen mehr Zeit, massiere ihr die Kopfhaut und den Nacken. Jeder will doch mal berührt oder in den Arm genommen werden.«

Nun ja – statt Berührungen gibt es bei einigen Kolleginnen dann eben Melperon. Dabei ist es ja gerade der Sinn der Behütenden, dass man sich ein bisschen mehr Zeit für die Alten nimmt, sich intensiver um sie kümmert und sie nicht einfach mit Medikamenten »abschießt«. Was dabei herauskommt, sieht man manchmal, wenn die Alten nach einer Behandlung im Krankenhaus wieder zurück zu uns ins Heim kommen. Die Krankenschwestern und -pfleger wissen häufig nicht mit dementen alten Menschen umzugehen, die in der ungewohnten Umgebung noch unruhiger und aufgeregter sind als sonst. Daher bekommt jeder schön seine Dosis Beruhigungsmittel. Wenn unsere Alten dann wieder zu uns kommen, sind sie wie zugedröhnt, lethargisch, lachen nicht mehr so oft, reden kaum noch. Da braucht es wieder eine ganze Weile, bis sie sich vom Drogenmix erholt haben. Natürlich, im Krankenhaus hat man vielleicht manchmal keine Alternativen – aber so eine Pflegefachkraft, die sollte es eigentlich besser wissen.

Wobei es ganz klar Fälle gibt, bei denen man um Medikamente nicht herumkommt – wenn zum Beispiel jemand wirklich komplett abdreht, um sich schlägt und sich absolut nicht beruhigen lässt. Das dürfen Sie sich dann aber trotzdem nicht vorstellen wie in einem schlechten Film: dass fünf massige Pfleger eine arme schreiende Frau festhalten, während eine diabolisch grinsende Schwester eine Spritze so groß wie ein Babyarm aufzieht und dem Opfer in den Rücken rammt. Schon mal davon abgesehen, dass man solche Medikamente auch in der Psychiatrie nur intravenös verabreicht – bei uns gibt es Beruhigungsmittel nur oral. Wenn dann nichts mehr geht, müssen wir einen Bereitschaftsarzt rufen, und wenn der auch nichts ausrichten kann, die Polizei. Erlebt habe ich so einen Fall allerdings glücklicherweise noch nicht! Und Heidi ist definitiv keine Kandidatin für K.O.-Keule.

Aber manche Kollegen begreifen manchmal selbst die einfachsten Sachen nicht. Sie lassen zum Beispiel während des Essens auf der Behütenden auch das Radio laufen. Damit es den Bewohnern »nicht langweilig ist«. Was sie dabei aber nicht im Blick haben, ist, dass die dauernde Hintergrundbeschallung die Alten nur noch unruhiger macht. Sie sind den vielen Eindrücken einfach nicht mehr gewachsen. Das Klappern des Geschirrs, die lauten Stimmen der Pflegekräfte, die denken, Schreien wäre die beste Art und Weise, um mit so einem schwerhörigen alten Kerl zu kommunizieren, dazu das penetrante Hintergrundgedudel und die schrillen Sketche der pseudowitzigen Radiomoderatoren: Muss man sich da wundern, wenn jemand nervös wird?

Ich schaue auf die Uhr: 3:45 – die Nacht ist heute außergewöhnlich ruhig. Dadurch, dass bei vielen Dementen der Tag- und Nacht-Rhythmus durcheinandergeraten ist, kommt es nämlich häufig vor, dass auch noch um 3 Uhr in der Früh eine Nachteule durch die Gänge schleicht. Und das verhindern wir nicht. Solange sie die anderen nicht aufweckt, ist das völlig in Ordnung. In vielen größeren Städten gibt es inzwischen auch eine Nachtbetreuung, wo man seine Alten wie in der Tagespflege abgeben kann. Oma, die aufgrund ihrer fortgeschrittenen Demenz gern nachts über die Gänge schleicht, kann dies dann unter Aufsicht in der Betreuungseinrichtung tun – tagsüber ist sie wieder zu Hause und schläft friedlich in ihrem Bett.

Gerade bei Vollmond ist es besonders schlimm. Ist ein Bewohner unruhig, dann werden es alle – vor allem, wenn man nicht gut aufpasst. Normalerweise muss die Behütende durchgehend besetzt sein. Wenn jedoch in einer Nacht nur zwei Pflegekräfte im Haus sind und ein Zweihundert-Kilo-Mann auf einer anderen Station gelagert werden muss, dann kann es schon mal vorkommen, dass man seinen Posten für fünf Minuten verlässt, um der Kollegin behilflich zu sein. An Vollmond werde ich das jedoch nur noch im äußersten Notfall machen. In so einer Nacht bin ich nämlich tatsächlich einmal höchstens fünf Minuten weg gewesen, da war auf der Behütenden schon die Hölle los. Von fünfzehn Bewohnern waren fünf wach und streiften über die Gänge. Der eine halb nackt, die andere trug den BH über dem Nachthemd, der Dritte hatte sich das Unterhemd seines Zimmernachbarn über den Kopf gezogen. Anton wiederum hatte es sich im Aufenthaltsraum gemütlich gemacht und kaute genüsslich an unserer Plastikblume. Glauben Sie mir ruhig: Ich übertreibe nicht.

Doch das Schöne ist, dass man solche Situationen relativ schnell in den Griff bekommt. Anton habe ich die Blüte dann noch aufessen lassen, den Rest habe ich weggeworfen. Danach war er lammfromm und hat sich widerstandslos in sein Zimmer bringen lassen. Und das ganz ohne Beruhigungsmittel.

Dasselbe gilt für Streitigkeiten auf der Behütenden – und die gibt es häufig. Denn glauben Sie nicht, dass sich unsere Alten an irgendwelchen Richtlinien für ein gelungenes und friedfertiges Zusammenleben orientieren würden. Wenn Lothar mit seinem Rollstuhl den Gang blockiert und wegen seiner Schwerhörigkeit nicht versteht, dass Anton mit seinem Rollator vorbeiwill, dann kommt es eben auch mal zu einem Zusammenstoß – gefolgt von einer großen Schreierei. Bevor es zu Blutvergießen kommt, trenne ich die Streithähne, schicke den einen den Gang hinunter, den anderen in die umgekehrte Richtung, und nach dreißig Sekunden haben die beiden sowieso wieder alles vergessen. Wenn sich nur alle Streitigkeiten auf dieser Welt so leicht beilegen lassen würden.

Ich bin mit meinen Dokumentationen durch und sitze, das Kinn auf meine Hände gestützt, im Stationszimmer, starre träge vor mich hin und hänge meinen Gedanken nach. Da schreckt mich ein Klopfen am Stationsfenster aus meinen Nachtträumen. Es ist Heidi. Nur mit ihrem dünnen Nachthemd bekleidet steht sie ohne Hausschuhe mit schlotternden Knien vor dem Stationszimmer. Sie ist noch aufgelöster als sonst. Ihr »Händehändehände« klingt noch atemloser. Kein Wunder. Statt ihrem hilflosen Bitten nachzukommen, wurde sie heute Mittag wahrscheinlich nur mit Beruhigungsmitteln abgeschossen.

Ich öffne eilig die Tür und ziehe die schluchzende Heidi fest an mich. Es dauert fast fünf Minuten, bis sie aufhört zu zittern und sich ihr Atem normalisiert. Als ich mich von ihr lösen will, klammert sie sich nur noch fester an mich und fängt wieder an zu stammeln: »Händehändehände«.

Ich lasse sie nicht los. In enger Umarmung führe ich Heidi zurück in ihr Zimmer. Halte sie noch immer fest im Arm, während ich ihr gleichzeitig ins Bett helfe. Selbst als sie schon liegt, hält sie noch mit beiden Händen meinen Arm fest umklammert.

So sitze ich eine halbe Stunde, bis mir Heidis regelmäßiger Atem anzeigt, dass sie wieder eingeschlafen ist.

»Gute Nacht, Heidi. Träum schön!«

LIEBE IN ZEITEN
DER ALTERSDEMENZ

Wurde auch Zeit! Nach einem außergewöhnlich sonnigen Spätherbst, hat nun endlich der Winter zugeschlagen. Pünktlich zum ersten Dezember hat sich eine bleigraue Decke über den Himmel gelegt, und die ersten Schneeflocken haben den Parkplatz der Frankenruh mit einer Schicht Puderzucker bestäubt. Nun werden die Diskussionen über die Klimaveränderung (»So lang hat sich nicht einmal der Steppensommer 1947 hingezogen. Da sind wir das halbe Jahr nur nackt herumgelaufen, Madla. Aber das hier, das is' doch nicht normal«) von den Überlegungen abgelöst, ob wir dieses Jahr wohl eine weiße Weihnacht haben werden. (»Eher nicht. Eher nicht. Wenn's Anfang Dezember schneit, dann bleibt's um den Heiligabend immer grün! Das kann ich dir aus 83 Jahren Lebenserfahrung sagen!«) Es lebe das Geheimwissen der über Achtzigjährigen!

Ich bin froh, dass sich der Schneefall in Grenzen hält. Heute ist Sonntag und damit Hauptbesuchstag. Da wäre es schade, wenn sich die Angehörigen wegen Glatteis und

Schneematsch nicht auf die Straße trauen würden. Bei vielen Angehörigen wissen wir genau, an welchen Tagen und um welche Uhrzeit sie ihren Lieben einen Besuch abstatten. Dann sitzen Opa und Tantchen auch pünktlich, schön angezogen und mit frisch gewaschenen Händen bereit für den Morgenspaziergang oder den nachmittäglichen Kaffeeklatsch.

Angehörige, die so regelmäßig kommen, gehören dann irgendwie schon zum Heim. Sie kennen nicht nur uns Pflegekräfte, sondern auch unsere Geschichten, fragen nach der Familie oder bei der Mitbewohnerin der lieben Mama, wie es denn ihrem Rückenleiden geht. Diese Angehörigen sehen auch, wie wir uns tagtäglich den Arsch aufreißen. Von ihnen kommt keine unqualifizierte Kritik, wie man sie immer wieder von denen hört, die Oma eben nur einmal im Halbjahr besuchen. Denn sie können unsere Arbeit und die Bedürfnisse der Alten viel besser verstehen.

Weil heute Sonntag ist, habe ich meine Damen und Herren besonders herausgeputzt, das heißt: für die Herren Hemd und für die Damen Bluse statt Pullover. Statt einem Spritzer Parfüm gibt es heute zwei, und wer möchte, für den krame ich auch gern im Schmuckkästchen und suche die besten Stücke heraus.

Ein bisschen missverstanden hat mein »Mach doch mal den Gerd heute am Sonntag besonders hübsch« unser Azubi Niklas, der seine eigenen Vorstellungen von »gut angezogen« einfach auf den alten Schatz übertragen hat. Statt olivfarbener Hose und senfgelbem Hemd trägt Gerd heute Anzughose mit Nadelstreifen, dazu ein Rippshirt, darüber ein rosafarbenes Hemd – wo Niklas das aufgetrieben hat, frage ich mich ernsthaft. Hat er es vielleicht selbst gespendet, um das Outfit abzurunden? Den krönenden Abschluss bildet ein perlmuttfarbener Rosenkranz, den er Gerd nicht etwa für die Andacht in die Hand gedrückt hat, sondern der stattdessen um dessen langen Truthahnhals baumelt. Seine magere Brust ist stolz gereckt. So strahlend habe ich Gerd schon lange nicht mehr gesehen. Besuch bekommt er heute keinen, also lass ich Niklas das Gangsta-Outfit durchgehen. Solange es Gerd gefällt!

Mit der Kleidung ist es sowieso so eine Sache. Vielleicht bin ich da auch etwas pingelig. Mir ist es extrem wichtig, dass meine Leute ordentlich und sauber angezogen sind. Daher kommt bei mir, wenn ich Spätdienst habe, auch alles in die Wäsche, was meine Alten tagsüber anhatten. Für den Frühdienst, der die Bewohner anzieht, lege ich komplett frische Wäsche raus. Höre ich Sie da etwa »Verschwendung« rufen? Unsere Bewohner zahlen wahrhaftig genug Geld – da können wir ihnen auch jeden Tag frische Klamotten anziehen. Vor allem weil einige der Kollegen zum anderen Extrem tendieren: Da ist ein Kaffeefleck auf dem Pullover?

»Na, das ist ja nur ein kleiner Fleck. Den Pulli kann man noch einmal anziehen.«

So etwas gibt es bei mir nicht. Ich zieh doch auch kein vollgekleckertes T-Shirt am nächsten Morgen noch mal an. Da schämt man sich doch den ganzen Tag!

Habe ich Frühdienst, kontrolliere ich also auch genau, ob mir die Kollegen saubere Klamotten für die Bewohner herausgelegt haben. Am besten eignet sich dafür der »Zwickeltest«: Einfach kurz schnüffeln, da erkennst du sofort, ob eine Hose in die Wäsche muss.

Heute sind aber alle meine Bewohner schon perfekt angezogen und harren ihres Besuchs, der sich auch pünktlich auf die Minute einstellt. So bekommt zum Beispiel Frieda jeden Mittwoch und Sonntag Besuch von ihrem Mann und ihrem Sohn Walter. Schlag 14 Uhr stehen die beiden auf der Matte – egal ob Regen, ob Sturm. Nur einmal war Friedas Mann Georg krank, aber da hat Walter extra angerufen, damit seine Mutter auch Bescheid weiß, dass die beiden nicht vorbeikommen können. Frieda hat an diesem Tag wie ein Häuflein Elend am Fenster gesessen. Es hat mir fast das Herz zerrissen. Denn dass das bei Schorsch und Frieda die große Liebe ist, das kann man nicht übersehen. Nach einem ersten leichten Schlaganfall ist Frieda vor zwei Jahren zu uns ins Heim gekommen, da erholte sie sich relativ schnell und konnte schon bald wieder ihren Sohn, der uns Schwestern immer wieder mal mit einem peinlich flotten Spruch bedachte, zurechtweisen: »Walter, wennst so blöd schmarrst, bekommst nie a Frau!« Aber schon kurze Zeit darauf erwischte es sie ein zweites Mal. Seitdem ist Frieda halbseitig gelähmt und leidet an einer irreversiblen Aphasie, einer schweren Sprachstörung. Sie kann im Grunde nur noch unverständliche Laute von sich geben. Ihr Mann Schorsch, mit dem sie seit über sechzig Jahren verheiratet ist, ist extrem schwerhörig, und so sitzen die beiden an jedem Mittwoch und Sonntag einfach nur nebeneinander, die Stirnen aneinander gelehnt. Manchmal streichelt Schorsch ihr mit seinen großen rauen Händen über die Wangen, manchmal weinen die beiden leise miteinander.

Es ist allgemein unglaublich berührend, wie zärtlich Ehepaare oft noch miteinander umgehen, die schon ein halbes Jahrhundert und länger verheiratet sind. Es gibt zum Beispiel einen Mann, der kommt jeden Tag zu seiner Frau, immer mit dabei: eine Tupperbox, in der er eine klein geschnittene Kiwi für »Mutti« vorbereitet hat, denn das ist ihre Lieblingsfrucht. Für mich ist das eine liebevollere Geste als jeder üppige Blumenstrauß, jeder goldene Ring.

Manche Paare sind auch noch so fit, dass sie ab und an ein bisschen »Zeit zu zweit« benötigen. Dann kommt einfach ein Schild an die Tür: »Bitte nicht stören«, und die beiden können ein ruhiges Beisammensein genießen. Was die Alten dann machen? Ich will es gar nicht so genau wissen. Olga findet das ungemein eklig. Aber mal ernsthaft: Nur weil ich ins Heim ziehen muss, lass ich mir doch nicht meine Schäferstündchen mit meinem Mann verbieten. Das soll mal einer versuchen.

Aber natürlich ist nicht alles Friede, Freude, Eierkuchen. Wie es sich in einer guten Ehe gehört, streiten sich die Alten manchmal auch richtig schön, aber das ist in der Regel nicht von Dauer – in dem Alter weiß man dann doch, was man aneinander hat. Außer aber, man ist inzwischen so dement, dass man den Partner nicht mehr erkennt oder ihn allenfalls wie einen entfernten Bekannten begrüßt. Eine Kollegin hat mir erzählt, dass sie einmal den Fall hatte, dass eine alte Dame ihren Mann völlig vergessen hat und stattdessen mit ihrem neuen »Schatzi« aus dem Altenheim Händchen haltend durch die Gegend gelaufen ist. Das war wirklich schwer zu ertragen für den Ehemann. Da verstehe ich auch, dass man nicht jeden Tag vorbeikommt, um sich das anzutun. Umgekehrt ist es aber genauso schlimm: Ein Mann hat immer, wenn er seine demente Frau besucht hat, seine neue Freundin mitgebracht. Das zeugt für mich von einem Mangel an Anstand. Klar, dass er sich eine Neue sucht, das kann ich verstehen, wenn er sich einsam fühlt. Aber sie dann mit ins Heim bringen? Um seine Frau vorzuführen wie eine Kuriosität? Auf deren Frage: »Und wer ist das nette Fräulein?«, wusste er dann auch keine Antwort.

Ab und an ziehen Paare auch gemeinsam ins Altenheim. Wenn sie wollen, bekommen die beiden dann auch ein Zimmer zusammen. Der Grund, weshalb man sich um die fünfzig getrennte Schlafzimmer wünscht, existiert da nämlich schon lange nicht mehr: Das laute Schnarchen überhört man da – schwerhörig, wie man inzwischen ist – schon längst. Die beiden Pflegebetten werden in solchen Fällen zusammengeschoben, aneinander festgemacht und das »Gräberla« mit Schaumstoff oder Decken überbrückt. Da ist es dann fast so schön wie daheim. Da es jetzt aber kein »daheim« mehr gibt und die wichtigste Person in deinem Leben jetzt mit dir zusammen im Heim ist, fällt Paaren die Eingewöhnung besonders leicht.

Schlimm ist es jedoch, wenn es mit einem der beiden plötzlich rapide bergab geht. Da wird einem klar, wie zerbrechlich der Traum ist, dass man nach der Rente noch dreißig harmonische Jahre miteinander verbringt. Wir hatten einmal den Fall, dass ein bisher rüstiger Mann, seine Frau war leicht dement, einen Schlaganfall erlitt und eine ganze Weile ins Krankenhaus musste. Als er zurückkam, war er nur noch ein Schatten seiner selbst. Wir überlegten, ob wir ihn überhaupt wieder zu seiner Frau ins Zimmer legen konnten, wollten es aber ausprobieren. Seine Gretel erkannte ihn jedoch gar nicht mehr. »Wer ist das? Was soll der hier? Warum liegt der hier in Johanns Bett?«

Also verlegten wir Johann auf eine andere Station, wo er zwei Wochen später starb.

Gretel spricht seither jeden Tag von ihm, als würde er bald zurückkommen: »Wenn nur der Johann von der Arbeit schon daheim wäre. Er müsste doch bald da sein, oder?«

Der häufigste Fall ist jedoch schlichtweg der, dass ein Partner noch zu Hause gestorben ist und der andere dann ins Heim kommt. Sei es, weil er sich selbst nicht versorgen kann, sei es, damit er daheim nicht komplett vereinsamt. Und gerade unter Dementen kommt es dann im Altenheim immer wieder einmal zum Aufkeimen zärtlicher Pflänzchen der Liebe mit allem Drum und Dran. Das fängt damit an, dass zwei auffällig viel Zeit miteinander verbringen, beim Essen unbedingt nebeneinandersitzen wollen. Von den ersten zärtlichen Blicken geht es über zum scheuen Händchenhalten, und irgendwann überrascht man die beiden nackt zusammen im Bett. Was da dann tatsächlich noch geht, kann ich auch hier leider nicht beantworten. Ob sie wohl noch wissen, was man mit dem Ding so anstellen kann? Na, ein bisschen Fummeln wird schon gewesen sein.

Wenn es beide wollen, ist das für uns kein Problem. Üblicherweise geben wir solchen Pärchen dann auch ein bisschen Zeit zu zweit im Nebenraum. Ist ja auch bedeutend besser, als dass man sie tatsächlich mit der Hand in seiner

Hose im Aufenthaltsraum erwischt. Das irritiert nicht nur Besucher, sondern auch die anderen Bewohner. Vor allem Hanna, die sich ja schon aufregt, wenn sich eine alte Dame zu viel mit Herren unterhält (»Was schäkert die alte Schachtel da dauernd mit den Kerlen? Die soll zu uns Weibern!«), kann sich da mit ihren Stänkereien nicht zurückhalten.

»Das ist ja ekelhaft!«

Aber von mir gibt's da nur ein »Ach, Hanna, du bist doch nur neidisch!«

Problematischer ist es, wenn die beiden Verliebten nicht das gleiche Demenz-Level haben. Da muss man das Pärchen schon etwas genauer im Blick behalten. Wir hatten zum Beispiel unlängst die Situation, dass ein relativ fitter Mann und eine ziemlich demente Dame angebandelt haben. Olga fand den Zärtlichkeitsaustausch zwischen den beiden unmöglich:

»Das ist doch Vergewaltigung. Die weiß doch gar nicht mehr, was sie tut.«

Und so ganz unrecht hat sie dabei nicht. Ich habe schon von Fällen gehört, bei denen demente Frauen missbraucht und zum Beispiel zu Oralsex überredet wurden, obwohl sie das nicht wollten beziehungsweise gar nicht wussten, was sie da überhaupt tun. Aber, um ehrlich zu sein: Man sieht den Leuten an, ob sie Sachen freiwillig machen. Wenn Linda freudig erregt strahlt, während Horst ihr an der Bluse herumfummelt, dann gehe ich davon aus, dass es ihr Spaß macht. Allein gelassen wie unser komplett dementes Pärchen haben wir die beiden jedoch nie.

Aber grundsätzlich: Weshalb sollte man die Alten hier einschränken? Gerade bei Dementen gibt es manchmal Phasen, in denen sie in sexueller Hinsicht jede Zurückhaltung fahren lassen. Man spricht dementsprechend auch von »sexuell Enthemmten«. Das ist kein eigenes Krankheitsbild, sondern eine Begleiterscheinung unterschiedlicher Krankheiten, vor allem der Demenz, kann aber zum Beispiel auch infolge von jahrelangem Alkoholmissbrauch auftreten. Solche Menschen verlieren dann völlig ihr Schamgefühl, onanieren mitten in der Öffentlichkeit, spielen mit ihren Brüsten. Es gibt alte Frauen, die beim Duschen plötzlich anfangen zu stöhnen und versuchen, sich selbst mit dem Duschkopf zu manipulieren. Aber was will man da machen – solche Menschen sind eben einfach krank und wissen nicht mehr, was sie tun. Also passe ich auf, dass die Dame beim Duschen den Duschkopf nicht erwischt. Und in der Regel gibt sich das ja relativ schnell wieder. Sobald die Demenz weiter voranschreitet, lässt auch der starke sexuelle Trieb nach. Gerd haben wir zum Beispiel eine Zeit lang allein in seinem Zimmer essen lassen, weil er immer wieder sein Prachtstück ausgepackt und damit am Esstisch herumgewedelt hat. Jetzt, da er lieber mit anderen Sachen spielt, darf er wieder zusammen mit den anderen essen.

Walter, der, während seine Eltern eng aneinander gekuschelt aus dem Fenster schauen, in der Regel mit Hans und ein paar anderen Fitten Karten spielt, reißt mich aus meinen Gedanken:

»Ach, Schwester Steffi, was ich Ihnen noch sagen wollte: Der Böhms Franz sitzt wieder am Fenster und spielt an sich herum. Ich hab's beim Hereinlaufen gesehen. Wollte Ihnen nur kurz Bescheid geben.«

Während sexuell Enthemmte krank sind und wie Gerd nicht wissen, was sie tun, ist Franz in keiner Weise krank. Er macht vielmehr wohl bewusst mir und den anderen Pflegekräften den Alltag zur Hölle. Klar, seinen Schniedel muss ich nach unserem kleinen Gespräch, von dem ich Ihnen ganz am Anfang erzählt habe, nicht mehr anrühren, dafür tut er das selbst weiterhin voller Begeisterung und mit großer Ausdauer. Egal, ob früh, mittags oder abends, Franz hat sein Gemächt ausgepackt und spielt ungeniert damit herum.

Mir ist klar, dass einem mit siebzig das Ding nicht einfach abfällt oder man das Interesse daran verliert, aber so ein bisschen Rücksichtnahme auf die anderen Bewohner und Pflegekräfte, das wäre schon eine Sache. Und möglich ist das durchaus. Vor einigen Wochen hat mich zum Beispiel ein Mann in der Nachtschicht in sein Zimmer geklingelt, damit ich ihm fürs große Geschäft die Schüssel unterstelle. Ich komme ins Zimmer, und die Luft steht schon schwül im Raum, der Fernseher läuft: die *Sexy Sport Clips* auf Sport 1, und zu schwülstiger Saxofonmusik rekeln sich spärlich bekleidete Mädchen auf Sportwagen. Alfons spielt ungeniert an sich rum, und mir platzt der Kragen:

»Ey, Al, das geht jetzt mal gar nicht. Wenn du nach mir klingelst, dann nimmst du bitte die Hände aus der Hose und schaltest um. Mir ist ja wurst, was du da machst, aber sehen und riechen will ich davon nichts. Sonst kriegst du die Schüssel nicht«, schnauze ich ihn nur halb im Scherz an.

Das ist eine gewagte Drohung. Natürlich hätte ich ihm trotzdem die Schüssel bringen müssen – aber dann wäre das dann eben ab sofort die unbequeme, kalte aus Metall gewesen statt der angenehmeren aus Plastik. Aber Alfons hat es sofort begriffen, und wenn er jetzt klingelt, läuft *Aspekte*. So hab ich das gerne!

Ich hab auch kein Problem damit, wenn mir einer der Alten auf den Hintern oder die Brüste starrt, wenn ich ihn wasche. Wichtig ist, dass er es unauffällig tut und mich dabei nicht wie ein Lustobjekt behandelt. Denn da hab ich mich einfach nicht im Griff.

Es kommt auch manchmal vor, dass sich beim Waschen des besten Stücks noch etwas tut. Dann Vorhaut zurück und einmal gründlich rundherum gewischt, fertig. Nichts sagen. Einfach weitermachen. Denn die Situation ist dem Bewohner meist genauso peinlich wie mir.

Aber Typen wie Franz sind anders. Denen scheint es egal zu sein, ob dir das unangenehm ist, wenn du ihn wieder beim Mütze-Glatze-Spiel überraschst. Manche reden dich auch ganz ungeniert obszön von der Seite an, zum Beispiel beim Waschen:

»Bist du im Bett auch so rabiat?« Oder: »Wenn du so wäschst, fangen meine Glocken an zu läuten, kannst du ein bisschen fester drücken?«

Da könnte ich einfach nur noch kotzen. Solchen Leuten schicken wir dann gerne unsere männlichen Pfleger zum Waschen – sollen sie denen doch erzählen, wie toll es sich anfühlt, »wenn du mich da unten berührst«. Der Blick, wenn tatsächlich ein ein Meter neunzig großer Pfleger mit den Worten »Jetzt aber unter die Dusche, Herr Frollmann« ins Zimmer kommt, ist einfach unbezahlbar.

Manche treiben es aber noch wilder und grabschen jeden an, der an ihnen vorüberkommt. Da hilft auch kein

»Distanzkreis«, den man – so haben wir das in der Schule gelernt – den Alten markieren soll. (Das muss man sich vorstellen wie bei *Dirty Dancing*: »Das ist mein Tanzbereich – das ist deiner. Du kommst nicht in meinen Tanzbereich und ich nicht in deinen.«) Aber mal ehrlich: Bei so jemandem hilft dann nur ein Patsch auf die Hand. Ein Mann hat es sogar so wild getrieben, dass von ärztlicher Seite erwogen wurde, ihm weibliche Hormone zu spritzen, um ihn in den Griff zu bekommen. Erst nach dieser Drohung hat er damit aufgehört, die Pflegekräfte zu belästigen. Wegen solcher Sachen sind auch schon alte Männer aus Heimen geflogen.

Wenigstens fühlen da selbst die Mitarbeiter vom MDK mit uns – auch wenn sie uns leider nicht wirklich helfen können. Der MDK ist nämlich nicht nur dafür da, um uns zu kontrollieren und mit vielen kleinen – manchmal auch ein bisschen sinnlosen – Einzelanweisungen zu gängeln. Er hat darüber hinaus auch Mitarbeiter, die für die Einstufung der Bewohner in Pflegestufen verantwortlich sind. Neulich war eine Frau vom MDK da, um einen dieser notgeilen Typen zu begutachten, der auch in ihrer Anwesenheit mit dummen Sprüchen provozierte und sich von seiner »besten« Seite zeigte. Sie verabschiedete sich von uns mit den Worten:

»Wissen Sie, ich würde ihm ja gerne die Pflegestufe zwei geben, damit es sich wenigstens finanziell für euch lohnt, wenn ihr so einen pflegt. Aber da lässt sich leider nichts machen. Halten Sie durch! Ich fühle mit Ihnen!«

Schon ihre Worte allein haben mir die Sache um einiges leichter gemacht.

Manchmal frage ich mich, ob es nicht tatsächlich eine gute Idee wäre, jemanden ins Heim zu holen, der sich um diese »spezielleren« Bedürfnisse der Alten kümmert. Es gibt ja vielerorts sogenannte Berührerinnen oder Sexualassistentinnen – in die Heime selbst kommen die aber nicht. Ich habe allerdings schon von Prostituierten gehört, die mit ihrem Wohnwagen auf den Altenheimparkplatz fahren, um dann die Bedürfnisse der noch mobilen Bewohner zu befriedigen. Gesehen habe ich so etwas noch nicht. Vielleicht sind wir in Bayern dafür ja einfach zu prüde. Was ich selbst davon halten soll, weiß ich auch nicht so recht. Irgendwie finde ich die Vorstellung doch ziemlich unangenehm, dass da ein Mann raushumpelt, seine Windel ablegt und dann mit einer Fünfundzwanzigjährigen zur Sache kommt. Andererseits: Ich umarme die alten Leute ja auch, damit sie ihren »Druck abbauen« können. Ist Sex dann nicht einfach nur eine intimere Art der Umarmung?

Wahrscheinlich würden solche Einrichtungen aber helfen, Männer wie Franz besser in den Griff zu bekommen, denn der mutiert hier langsam zum öffentlichen Ärgernis. Franz hat ein Zimmer zum Parkplatz hin und setzt sich gerne splitterfasernackt ans Fenster und spielt an sich herum. Dass ihn andere dabei sehen können, ist ihm nicht nur egal – er legt es förmlich darauf an. Machen kann man da nicht viel. Gutes Zureden bringt gar nichts, Drohungen auch nicht. Womit könnten wir schon drohen?

Also gehe ich resigniert in Franz' Zimmer, lasse die Jalousie herab, sodass man nicht mehr direkt ins Fenster sehen kann, lege ihm ein Handtuch über sein bestes Stück und hoffe, dass er es dort auch eine Zeit lang lässt.

Bevor ich die Tür hinter mir zuziehe kann ich mir nicht verkneifen, einen Kommentar abzugeben:
»Weißt du, Franz, so groß, dass du ihn allen unbedingt zeigen müsstest, ist er nun wirklich nicht!«

O TANNENBAUM!

Und kaum sind sieben Tage vorüber, ist es schon wieder Sonntag – und diesmal ein ganz besonderer, nämlich der erste Advent. Gerade in den Wochen vor Weihnachten vergeht die Zeit wie im Flug. Dabei hält sich bei mir die Vorfreude noch sehr in Grenzen. Eher bin ich noch genervter als sonst, denn nicht nur, dass das Wetter nun »endlich« in den Wintermodus geschaltet hat (meinetwegen hätte es ja durchaus den ganzen Winter hindurch 15 Grad haben können) und ich mir auf dem Weg zur Arbeit den Allerwertesten abfriere, nein, nun hat auch noch die Grippesaison begonnen und entsprechend viele Kollegen fallen immer wieder mehr oder weniger überraschend aus. Das heißt: mehr Arbeit, mehr Stress – und das in einer Zeit, in der man privat auch dauernd am Rennen ist. Die Weihnachtsgeschenke für meinen Freund, meine große Familie und meine Freunde fallen ja auch nicht vom Himmel. Dazu ständig irgendwelche Weihnachtsfeiern – nein, eine entspannte Vorweihnachtsstimmung hat sich bei mir noch nicht eingestellt, und daran wird sich wohl so bald auch nichts ändern. Aber was jammere ich hier herum. Sie erleben den Vorweihnachtsstress bestimmt jedes Jahr genauso wie ich – nun ja, vielleicht nicht mit zehn durchfallerkrankten bettlägerigen Achtzigjährigen, aber das ist dann nur noch das Tüpfelchen auf dem i.

Doch Stress oder nicht – für unsere Alten machen wir gute Miene zum bösen Spiel. Deshalb gibt es in der Vorweihnachtszeit beim Mittagessen statt einer normalen Nachspeise gerne mal einen Apfel-Zimt-Joghurt oder ein als Weihnachtsbaum geformtes Eis. Nachmittags wird der Kuchen durch Lebkuchen und die Leib- und Magenspeise der Alten ersetzt: Stollen – und manchmal gibt es auch einen Glühwein.

Während wir also sehr gestresst sind, ist die Adventszeit für unsere Bewohner tatsächlich eine äußerst besinnliche Zeit. Sie sollen gerade in diesen Wochen nicht schwermütig werden, sondern spüren, dass sie bei uns gut aufgehoben – zu Hause – sind. Das ist auch der Grund, weshalb ich in diesem Moment auf einer wackeligen Klappleiter stehe und gemeinsam mit Alma Holzschmuck an unseren Weihnachtsbaum hänge. Eigentlich war der Baum anders geplant, nämlich mit glänzenden Christbaumkugeln aus Glas. Und weil man ja nicht wissen kann, was die Alten so alles mit den Kugeln anstellen, war vorgesehen gewesen, den Baum in diesem Jahr auf dem Balkon zu platzieren. Da hätten die Alten ihn schön aus sicherer Entfernung durch die Glasscheibe beobachten und auch ganz sicher nichts kaputt machen können. Seinen Hauptzweck, nämlich Weihnachtsstimmung in unser Heim zu tragen, hätte der Baum so allerdings nicht ganz erfüllt. Da hatte wohl mal wieder jemand nicht groß nachgedacht. Also bin ich selbst losgezogen und habe handgeschnitzten Holzschmuck gekauft. Nur das Beste für unsere Bewohner.

Aber dass es sicherlich seine Berechtigung hat, bei unseren Alten Vorsicht walten zu lassen, zeigt ein Erlebnis aus meiner Anfangszeit als Altenpflegerin, als mich die außergewöhnlich prallen Bäckchen einer Dementen misstrauisch machten:

»Lore, mach mal deinen Mund auf!«

Und tatsächlich hatte sich Lore eine ganze Weihnachtskugel, die zu Dekozwecken zwischen den Lebkuchen gelegen hatte, in den Mund geschoben. Gut, dass ich das noch rechtzeitig bemerkt hatte – schlucken hätte sie die Kugel wohl nicht können, wohl aber mit ihrer Zunge zerdrücken. Und dann wäre das Geschrei groß gewesen.

Nicht so problematisch sind dann andere Dekoelemente wie getrocknete Orangenscheiben. Die essen die Alten zwar auch mal gerne, aber wirklich was passieren kann da nicht. So ein paar Ballaststoffe sind ja manchmal auch ganz gut für die Verdauung.

Von einer unglaublich genialen Variante der Weihnachtsdeko in einem anderen Heim hat mir eine Kollegin in der Altenpflegeschule erzählt. Da werden statt Kugeln oder sonstigem Schmuck einfach Lebkuchen und Plätzchen an den Weihnachtsbaum gehängt. Das sieht hübsch aus und ist trotzdem völlig ungefährlich, falls sich doch mal jemand daran vergreift.

Solchen Weihnachtsschmuck haben Alma und ich in der kurzen Zeit nicht mehr backen können, aber an den handtellergroßen Holzsternen wird sich auch der hartnäckigste Bewohner die Zähne ausbeißen – wenn er noch welche hat.

Weshalb wir uns die Mühe machen? Heute ist ein ganz besonderer Tag, denn die Azubis haben zum gemütlichen Adventssingen eingeladen. Zu ihrer Ausbildung gehört nämlich nicht nur, die richtige Pflege zu erlernen, sie müssen auch eine bestimmte Anzahl von PSB-Stunden ableisten, also psycho-soziale Betreuungsstunden. Die Organisation eines Adventssingens gehört in diesen Bereich. Alma hat sich besonders dafür eingesetzt, dass die Azubis die PSB-Stunden auch tatsächlich für einen Betreuungszweck nutzen dürfen. Es kommt nämlich häufig genug vor, dass die Azubis – obwohl sie eigentlich Betreuungsstunden ableisten sollen – normale Pflegetätigkeiten übernehmen müssen. Man muss allerdings zugeben, dass mehrere Hundert PSB-Stunden in der Ausbildung tatsächlich schwer umzusetzen sind. Zum Reinschnuppern reichen fünfzig vollkommen. Und wer will das auch kontrollieren? In ihrem Stundenheft steht natürlich PSB – zum Beispiel »Wohlfühlbad mit Frau Schneider«. Dass aber dieses Wohlfühlbad kein wirkliches Wohlfühl-, sondern ein Reinigungsbad war und damit das tägliche Waschen ersetzt, das wird natürlich nirgendwo festgehalten. Ein Wohlfühlbad mit allem Drum und Dran dauert in der Regel eine Stunde. Das Licht im Badezimmer wird gedimmt, es werden Kerzen aufgestellt, ein besonderes Schaumbad wird benutzt. Dazu bringst du entweder einen CD-Player mit, um leise, beruhigende Musik zu spielen, oder liest dem Bewohner etwas vor. Das ist Entspannung! Jemanden einfach zehn Minuten in die Wanne zu setzen und abzuseifen ist es nicht. Nur, was willst du machen, wenn wieder mal Leute krank sind? Einen Bewohner ins Wohlfühlbad setzen und die anderen ungewaschen lassen?

Aber, wie gesagt: Alma hat darauf gepocht, dass die Betreuungsstunden in der Weihnachtszeit einmal nicht zweckentfremdet werden, und so sitzen alle mit frisch gewaschenen Gesichtern in ihrer besten Sonntagstracht im Aufenthaltsraum und harren dessen, was da kommen mag. Kunner ist noch etwas blass um die Nasenspitze. Mich wundert jedoch vielmehr, dass er überhaupt anwesend ist. Erst gestern nämlich hat er sich den ganzen Nachmittag nicht vom Glühweintopf wegbewegt, den wir in der Halle aufgestellt haben – auch für die Bewohner (natürlich nicht für die Dementen, die ja auf der Beschützenden sicher untergebracht sind), jedoch in erster Linie für die Besucher, denn die Alten nehmen in der Regel viele Medikamente und sind Alkohol auch nicht mehr wirklich gewöhnt. So auch Kunner, der sich anscheinend eingebildet hat, wieder fünfzehn zu sein, und sich einen Glühwein nach dem anderen reingeschüttet hat. In dem Alter reichen dann schon zwei, drei Tassen, um in Festtagsstimmung zu kommen. Sein »Süßer die Glocken nie klingen« war bis ins letzte Eck der Frankenruh zu hören, die an diesem Tag so gar nicht ruhig war. Wir haben ihn dann schon um 16 Uhr ins Bett gebracht. Übergeben hat er sich, Gott sei Dank, erst in seinem Zimmer. Nun sitzt er ein bisschen windschief zwischen den anderen, brummt heiser »O Tannenbaum« mit und knabbert nur ab und zu an einem Spekulatius. In seinem Becher ist Früchtetee.

Besonders hübsch herausgeputzt ist Sopherl, die sich heute Morgen partout nicht in ihr normales Sonntagsoutfit zwingen lassen wollte, sondern angesichts der festlich aufgeladenen Stimmung auf einen bodenlangen bunten

Rock und offenes Haar bestanden hat. Ihre feuerroten Federn kringeln sich um ihr Spitzmausgesicht, und sie hat sich vor Stolz kaum eingekriegt, als sie am Arm von Berta in den Aufenthaltsraum geschritten ist. Ich frage mich, in welcher Traumwelt Sophie heute wieder unterwegs ist. Glücklich sieht sie auf jeden Fall aus, als sie an ihrer Tasse nippt, die sie geziert mit abgespreiztem Finger hält. Doch nicht alle erfreuen sich an Sopherls guter Laune. Der Harten Hanna ist Sophie offensichtlich ein Dorn im Auge. Schon als sich Berta und Sophie zu ihr, Hans und ein paar anderen an den Tisch setzen, fängt sie an zu lästern:

»Wie schaut denn die schon wieder aus! Wie a Gewitterhex.«

Ich werfe Hanna über den Tisch hinweg einen bösen Blick zu. Auf solche Sticheleien habe ich heute keine Lust.

Der Gesang verklingt – die einen merken es früher, die anderen später. Vereinzelt klingt noch ein verspätetes »Wie grün sind deine Blätter« im Raum. Obwohl sich unsere Alten das ganze Jahr über zum gemeinsamen Singen treffen, kann man wahrlich nicht behaupten, dass bei uns hier in der Frankenruh gesangliche Meisterleistungen vollbracht würden. Aber Hauptsache, es macht Spaß. Und das tut es auf jeden Fall, wie man den Gesichtern ansehen kann.

Einer der Azubis tritt nach vorne, um »Von drauß' vom Walde komm ich her« vorzutragen. Manche lauschen aufmerksam, wieder andere fangen an, mit ihren Nachbarn zu flüstern – sie sind so schwerhörig, dass sie vom Vortrag nicht viel mitbekommen. Entsprechend laut ist auch ihr Flüstern. Es beginnen die ersten »Ruhe!«-Rufe, die es nun völlig unmöglich machen, irgendetwas zu verstehen. Der ein oder andere fühlt sich durch das Gedicht an seine eigene Kindheit und Jugend erinnert und zitiert munter drauflos, was ihm so in den Kopf kommt. Und wenn es, wie bei Gerd, nur ein Gute-Nacht-Gebet ist:

»Müde bin ich, geh zur Ruh, schließe meine Augen zu. Vater, lass die Augen dein über meinem Bette sein. Alle, die mir sind verwandt, Gott, lass ruhn in deiner Hand. Alle Menschen, groß und klein, sollen dir befohlen sein.«

Endlich ist das Gedicht vorüber – das von Gerd, der Azubi ist schon längst verzweifelt verstummt. Jetzt ist es Zeit zum Essen, Trinken und Plaudern. Im Hintergrund läuft der »Little Drummer Boy« – englische Musik gibt es bei solchen Veranstaltungen nur aus der Konserve. Die Alten singen einfach lieber »Schneeflöckchen, Weißröckchen« als »Deck the Halls« – kann ich nachvollziehen, ich singe ja auch nur äußerst ungern auf Japanisch.

Die Bewohner schlürfen Kinderpunsch und Glühwein, stippen Spitzbuben und Spritzgebäck in ihre Heißgetränke und mümmeln Stollen, da fällt mein Blick auf Sopherl, die sich anscheinend wieder in ihre entbehrungsreiche Jugend zurückversetzt sieht, denn sie hat angefangen, Lebkuchen in ihren Rocktaschen verschwinden zu lassen. Ich bin leider nicht die Einzige, der das aufgefallen ist. Auch Hanna und Hans werfen sich hämische Blicke zu und beginnen, lautstark über sie herzuziehen.

»Na ja, was kannst von so einer Zigeunerin auch erwarten?«

Und Hanna fängt an zu singen:

»I hob rote Hoa, feiarote Hoa sogoa, und drum mog mich auch da Hansl ned.«

»Hanna, hör auf, die Sophie zu ärgern.«

»Ach, das begreift die doch sowieso nicht.«

Sophie scheint aber sehr gut verstanden zu haben, denn sie hebt ihren Kopf und schaut völlig konsterniert angesichts dieser Beleidigung zu Hanna, die begeistert – ehe ich sie davon abhalten kann – anfängt, mit Hans das Soldatenlied »Einmal im Jahr in der Heiligen Nacht« zu singen. Alles Militärische macht Sopherl schreckliche Angst, das weiß Hanna aus Erfahrung ...

»Einmal im Jahr, in der Heiligen Nacht, verlassen die toten Soldaten die Wacht, die sie für Deutschlands Zukunft stehen.«

Gespenster, Krieg, Soldaten – für Sopherl gibt es kein Halten mehr. Unvermittelt bricht sie in Tränen aus. Schon ist Berta bei ihr, um sie an ihren großen mütterlichen Busen zu ziehen. Hanna grinst. Ein voller Erfolg.

»Jetzt ist Schluss mit eurem Nazizeug. Ihr hört jetzt sofort auf zu singen oder geht in eure Zimmer. Das will kein Mensch hören.«

Hanna will gerade aufmucken, da springt Berta mir schon bei:

»Halt einfach deinen Mund, Hanna!«

Gott sei Dank sind Personen wie Hanna und Hans hier die Ausnahme. Die meisten erinnern sich nur ungern an den Krieg zurück – und an das, was sie vielleicht getan haben, tun mussten.

»Ich war ja auch mit dabei. Aber was hätt ich denn machen sollen? Ich musste doch auch an meine Familie denken.« Oder: »Wir wussten das ja nicht so genau. Und selbst wenn ich's gewusst hätte: Auf mich hätt doch keiner gehört!«

Sie sagen jetzt als jemand, der die Thematik vielleicht schon ausführlich von vorne bis hinten durchdacht hat: »Es gibt kein richtiges Leben im falschen.« Ja, vielleicht. Aber ich werde bestimmt nicht mit Menschen, die am Ende ihres Lebens ihr schlechtes Gewissen zerfrisst, das Diskutieren anfangen.

Gegenüber Ausländern sind viele Alten überraschend offen. Die meisten haben ja durchaus positive Erfahrungen gemacht – gerade mit Schwarzen. Von einem schwarzen US-Soldaten hat zum Beispiel Frieda ihre erste Orange geschenkt bekommen. Dass dann doch einmal eine Demente beim Anblick einer schwarzen Pflegekraft anfängt zu schreien und sie für den Teufel hält, liegt eben einfach daran, dass diese Bewohnerin noch nie eine Schwarze von Angesicht zu Angesicht gesehen hat.

Ich gehe zu Sopherl, die zusammengekauert auf ihrem Stuhl sitzt und an Bertas Schulter vor sich hin schluchzt. Ich weiß nicht, welche Erinnerungen wieder in ihr wach geworden sind – aber sie erschüttern sie offensichtlich sehr.

Ich nehme ihre schmalen Hände in die meinen und versuche sie zu trösten:

»Sopherl, es ist alles gut. Du brauchst keine Angst zu haben.«

Da sieht sie mich mit großen Augen an und streicht mir über meine ausnahmsweise einmal rot gefärbten Haare:

»Ich hab doch Angst um dich! Du armes Zigeunermadla – du musst schnell abhauen. Wer weiß, was die mit euch hier machen!«

Mein Hals ist wie zugeschnürt. Nicht um sich selbst hat sie geweint, sondern um mich. Bevor ich ihr antworten kann, flüstert sie:

»Ich will weg.«

Berta steht auf: »Ich geh' mit dir ins Zimmer, Sophie. Ich bin sowieso müde.«

LEB WOHL UND AUF WIEDERSEHEN!

Am nächsten Morgen geht es Berta nicht gut. Als ich ins Zimmer komme, begrüßt sie mich anders als sonst nicht mit einem schwungvollen »Wie siehst du denn wieder aus, Stefanie?«, sondern hebt gerade einmal leicht den Kopf zum Gruß. Während sich Sopherl, die den gestrigen Abend komplett vergessen hat, in freudiger Erwartung aufrichtet und die Kehle für ein herzhaftes »Wohlauf, die Luft geht frisch und rein« klärt, weigert Berta sich heute aufzustehen und flüstert nur zwischen zwei Hustenanfällen:

»Ach weißt du, mir geht's heute gar nicht gut.«

Sie sieht auch gar nicht gut aus.

Das Fieberthermometer bestätigt, was mir die Hand auf Bertas Stirn und ihre roten Wangen längst verraten haben: Berta hat Fieber. Da scheint ein Virus am Werk zu sein. Ich telefoniere mit dem Arzt, der mir aufträgt, Berta ein fiebersenkendes Mittel und ACC zu geben. Da hätte ich auch selber draufkommen können. Die Entscheidung darüber darf ich jedoch nicht selbstständig treffen. Daher sind die Ärzte und das Pflegepersonal auch immer wieder so genervt voneinander. Wir, weil wir sie immer fragen müssen, und sie, weil wir sie immer fragen. Aber da verabreich mal einer einem Patienten ein Medikament, das ihm kein Arzt verordnet hat. Das gäbe einen Ärger!

Von diesem Tag an bleibt Berta im Bett. Zwar steigt das Fieber nicht mehr über 38 Grad, doch ihr Husten wird immer schlimmer und keuchender. Zwei Tage später verschreibt der Arzt ihr ein Antibiotikum, damit sich das Ganze nicht zu einer Lungenentzündung auswächst. Doch während sich der Husten nun positiv entwickelt, wirkt sich das Antibiotikum gravierend auf Bertas Verdauung aus. Unsere kugelrunde Genussesserin, die auch beim dritten Stück Kuchen bisher nie Nein gesagt hat, verliert von einem Tag auf den anderen den Appetit. Und alle Versuche, sie doch zum Essen zu bewegen, scheitern:

»Ach, Steffi, du bist so lieb, aber mir schmeckt's einfach nicht.«

Innerhalb einer Woche hat Berta drei Kilo Gewicht verloren. Sie isst nicht nur wenig, aufgrund ihres antibiotikabedingten Durchfalls bleibt von dem wenigen, das sie zu sich nimmt, noch weniger in ihrem Körper zurück. Sie trinkt nur noch etwa einen halben Liter pro Tag, und der fließt auch nur durch ihren Körper hindurch.

Berta wird immer weniger.

Inzwischen geht es Berta schon seit zehn Tagen schlecht. Wer sie noch zwei Wochen zuvor auf der Adventsfeier fröhlich Glühwein schlürfend und »O du fröhliche« singend gesehen hat, der würde nicht glauben, dass er hier dieselbe Person vor sich hat. Mit Berta geht es bergab, und ich sehe genau: Es geht auf den Tod zu. Ihrer Nichte Monika fällt es schwer, den rasanten Abbau ihrer Tante untätig mit ansehen zu müssen:

»Ach, Steffi, was können wir denn machen? Sollte man sie vielleicht künstlich ernähren, damit sie nicht immer und immer dünner wird? Mit so einer Sonde oder wie das heißt?«

Eine PEG, eine perkutane endoskopische Gastrostomie, ist ein von außen durch die Bauchdecke gelegter Zugang zum Magen, über den wir Bewohner künstlich ernähren können. Das ist zum Beispiel sinnvoll bei Menschen mit Speiseröhrenkrebs oder ähnlichen Krankheitsbildern, die also aus organischen Gründen nichts mehr essen können, sich ansonsten jedoch gerade im Genesungsprozess befinden. Das wäre ja – gelinde gesagt – eine Grausamkeit, diese Leute dann verhungern zu lassen, nur weil sie über den »normalen« Weg nichts zu sich nehmen können. Solche Patienten bekommen dann dreimal am Tag ihre Mahlzeit direkt in den Bauch und können so schon bald wieder ein annähernd normales Leben führen.

Bei uns im Altenheim ist das aber ein bisschen anders. Vor etwa zwanzig Jahren wurden PEGs noch am laufenden Band gelegt. Doch man muss sich eines bewusst machen: Die Menschen kommen – so wenig das manche auch wahrhaben wollen – letztendlich zum Sterben zu uns. Und *einen* Tod muss jeder sterben. Was ist denn eigentlich ein natürlicher Tod? Herzstillstand? Bei jedem Sterben bleibt das Herz stehen, aber der Weg dorthin muss irgendwie gegangen werden. Bei manchen eben durch »Verhungern«. Doch keine Angst: Es gilt inzwischen in der Palliativmedizin als gesichert, dass Menschen im Sterbeprozess über gar kein Hunger- oder Durstgefühl mehr verfügen und somit auch keine Qualen leiden, wie manche Angehörige befürchten. Sterbende, die keine Kochsalzlösung erhalten, sterben in der Regel ein bis zwei Tage schneller, aber viel friedlicher. Über Infusionen, Tabletten etc. versorgen wir unsere Bewohner mit allem, was für sie notwendig ist, um den Schritt hinüber ohne Schmerzen und Angst zu tun. Aber sollen wir sie zurückreißen, wenn sie schon mit einem Bein im Grab stehen?

Das heißt natürlich nicht, dass wir uns, wenn es zu Komplikationen kommt, nicht immer mit ganzer Kraft dem Tod entgegenstemmen. Wenn zum Beispiel jemand eine schwere Lungenentzündung hat und er vor Schleim nicht mehr atmen kann und wir diesen auch nicht mehr selbstständig absaugen können (wir dürfen das nur bis zu einem bestimmten Grad), dann lassen wir ihn natürlich nicht ersticken, sondern rufen den Notarzt. Wenn der dann nach der Erstversorgung zur Schmerzlinderung Morphium spritzt und dadurch vielleicht den Sterbeprozess beschleunigt, dann ist das einfach eine Nebenwirkung, gegen die man nichts machen kann. Denn soll man jemanden Schmerzen ertragen lassen, nur damit er noch ein bisschen länger aushält? Unsterblich wird er dadurch ja trotzdem nicht.

Darüber spreche ich auch mit Monika. Ich verstehe, dass sie irgendetwas für ihre Tante tun will – aber manchmal ist das Einzige, was man tun kann, loszulassen. Am Tag nach unserem Gespräch kommt sie wieder zu mir:

»Bitte legt keine Magensonde. Das hätte meine Tante nicht gewollt. Tut alles, was möglich ist, um es ihr schön zu machen, aber sie soll nicht zu lange vor sich hin vegetieren.«

Berta fragen können wir nicht mehr. Sie ist so geschwächt, dass sie sich den Großteil des Tages in einem Zustand der Somnolenz befindet, also vor sich hin dämmert und kaum mehr auf Ansprache reagiert. Ich habe schon Leute gesehen, die sich aus so einem Zustand tatsächlich wieder aufgerappelt haben, doch im Grunde ist uns allen klar, dass es mit Berta zu Ende geht. Dabei hatte sie sich ihr Sterben ein bisschen anders vorgestellt. Dieses Frühjahr im Fasching ist Anna, die alte Dame, die ihr Haus verkauft hatte und freiwillig zu uns ins Heim gezogen war, den Tod gestorben, um den alle Bewohner sie noch jetzt, über ein halbes Jahr später, beneiden. Beim heiminternen Rosenmontagsball hat sie noch eine flotte Sohle aufs Parkett gelegt und ist nach einer Runde Discofox zu »Traum von Amsterdam« mit einem der Pflegeschüler auf dem Rückweg zu ihrem Tisch tot zusammengebrochen. Herzinfarkt. Berta hat sich immer einen solchen Tod gewünscht. Nun wird es doch ein langsamer Tod sein. Es muss aber kein schlimmer sein.

Von diesem Tag an verbringt Monika fast jede freie Stunde am Bett ihrer Tante. Auch Monis Mann, ihre Kinder, Bertas jüngere Schwester und deren Nachwuchs kommen vorbei, um von ihr Abschied zu nehmen. Manchmal bekommt Berta nicht viel mit, manchmal erkennt sie die Leute, die sich die Klinke in die Hand geben, und ein winziges

Lächeln erhellt ihr Gesicht. Ein kleiner Abglanz des Strahlens, das ich so gerne bei ihr gesehen habe und das mir manchen schrecklichen Tag ein bisschen heller gemacht hat.

Mit jedem Tag wird Berta schwächer, und so ändert sich mit dem nahenden Tod auch die Art der Pflege, die wir ihr zuteilwerden lassen. Wenn Moni nicht da ist, schaue ich häufiger zu Berta ins Zimmer. Auch Sopherl hat sie gut im Blick, obwohl sie sicherlich nicht ganz versteht, worum es geht. Sie ist eher wie ein Kind, das auf seine kranke Schwester aufpassen soll.

Jetzt nötige ich Berta nicht mehr, aufzustehen und sich von oben bis unten waschen zu lassen. Wer sich dem Tod schon bis auf wenige Schritte genähert hat, genießt Sonderrechte. Alle »überflüssigen« Medikamente werden vom Arzt abgesetzt – nur was auf die akute Erkrankung zielt, wird weiterhin gegeben.

Nachdem Berta nun auch nichts mehr essen kann und will, steht eine besondere Art der »Mundpflege« im Mittelpunkt der Pflege. Wenn ein Bewohner kaum mehr isst und trinkt und nur noch durch den Mund atmet, trocknen die Schleimhäute aus. Um dem entgegenzuwirken, feuchten wir die Schleimhäute mit künstlichem Speichel, mit Honig oder Getränken an, die dem Bewohner früher einmal besonders gut geschmeckt haben. Das kann bei einem alten Herrn auch gern mal ein schönes Weizen sein. Bei Berta ist es der alkoholfreie Prosecco, den sie immer mit Sopherl geschlürft hat. Auch Sophie bekommt ein Glas ab, und während ich Bertas Lippen mit der goldenen Flüssigkeit bestreiche, erzähle ich ihr, wie sehr es mich immer freut, zu den beiden ins Zimmer zu kommen. Manchmal glaube ich, dass ein Lächeln über Bertas Lippen huscht.

Als ich am Morgen des vierten Advents zu Berta ins Zimmer komme, sehe ich, dass heute der Tag des Abschieds ist. Ihr Gesicht zeigt das bekannte »weiße Dreieck«, das heißt, von der Nase bis zum Kinn ist das Gesicht besonders blass und irgendwie eingefallen. Ich ziehe vorsichtig die Bettdecke zur Seite: Ihre Beine sind bereits marmoriert, sie zeigen das typische weiß-blaue Fleckenmuster, das sich erst am Unterkörper, schließlich dann auch an den Händen ausbreitet. Nun ist es nur noch eine Frage von Stunden, bis der Tod eintritt. Ich klingle nach Olga:

»Olga, mit Berta geht's zu Ende. Ich ruf schnell die Moni an und setz mich, bis sie kommt, zu Berta ans Bett. Kannst du meine Leute mitwaschen?«

Ohne zu zögern springt Olga für mich ein. In solchen Momenten ist es wichtig, dass ein Team gut zusammenhält. Denn was spielt es schon für eine Rolle, dass man ausnahmsweise noch ein wenig mehr arbeiten muss, angesichts der Tatsache, dass man einem Menschen den Abschied vom Leben vielleicht ein wenig leichter gestalten, ihm womöglich die Angst davor nehmen kann?

Ich rufe bei Moni zu Hause an, doch sie nimmt nicht ab. Auch unter der Handynummer, die sie mir zur Sicherheit dagelassen hat, hört niemand. Ich spreche ihr auf die Mailbox:

»Hallo, Moni, hier ist Steffi aus der Frankenruh. Es sieht aus, als wäre es so weit.«

Den Pfarrer rufe ich nicht an. Berta ist nicht getauft, daher gibt es für sie keine Krankensalbung. »Letzte Ölung« sagt man heutzutage nicht mehr, weil es ja immer sein kann, dass man sich doch noch fängt und dann beim nächsten Mal eine zweite Letzte Ölung bekommt. Ich persönlich finde die Anwesenheit eines Pfarrers immer ziemlich tröstlich. Nicht allein wegen der Gebete, die er spricht und die jedem fühlenden Menschen Trost spenden müssen: »Und ob ich schon wanderte im finstern Tal, fürchte ich kein Unglück; denn du bist bei mir, dein Stecken und Stab trösten mich.« Ich finde es auch eine sehr beruhigende Vorstellung, dass da jemand bei einem sitzt, der quasi andernorts schon Bescheid gibt, dass gleich einer anklopft. Auch für Ungetaufte, die dann doch nach einem Beistand verlangen, ist das ein schöner Trost. Aber ich nehme mir nicht heraus, darüber zu entscheiden. Berta bekommt also keinen Pfarrer.

Ich eile zurück in ihr Zimmer, helfe Sophie in ihren Morgenmantel und führe sie in den Aufenthaltsraum.

»Der Berta geht es heute nicht gut, am besten lassen wir ihr ein bisschen Ruhe.«

Manchmal bleiben die Mitbewohner mit im Zimmer, wenn es ans Sterben geht. Aber Sophie würde es wohl nicht verstehen, was da gerade passiert. Und häufig fällt es den Sterbenden leichter loszulassen, wenn nicht so viele Menschen um sie herum sind.

Endlich kann ich mich zu Berta ans Bett setzen. Ihr Blutdruck ist kaum mehr messbar. Ich habe das Radio angedreht. Leise Klaviermusik erfüllt den Raum. Auch eine Duftkerze habe ich mitgebracht, die ich jetzt auf Bertas Nachtkästchen anzünde. Ich lausche auf ihren Atem. Er geht schwer, doch noch regelmäßig. Als ich ihre kalte Hand in meine nehme, beginnen ihre Augenlider zu zucken, Bertas Augen öffnen sich einen Spalt.

»Hallo, Berta, ich bin da. Du brauchst keine Angst haben.«

Ich merke, wie Berta auf meine Stimme reagiert. Sie atmet tief ein.

»Ich pass auf dich auf.«

Schwer senken sich die Lider über ihre wässrigen blauen Augen. Ich fühle Bertas Stirn. Das Fieber ist wieder gestiegen. Ich hole einen feuchten Lappen, um ihr Abkühlung zu verschaffen, und während ich mit der Linken ihr Gesicht abtupfe, halte ich mit der Rechten ununterbrochen ihre Hand.

Die Abstände zwischen den Atemzügen werden immer länger. Dann setzt die »Schnappatmung« ein: Berta atmet scharf ein und ganz langsam wieder aus. Erst nach einer Weile, die schier unendlich scheint, folgt der nächste Atemzug. Bei manchen Sterbenden liegen die Atemzüge so weit auseinander, dass man denkt: Nun ist es aber vorbei, und just in dem Moment folgt wieder ein Atemzug.

Ich beginne zu singen, auch wenn Berta nicht katholisch ist: »Alleluja, Jesus lebt«, und spüre weiterhin den immer schwächer werdenden Druck von Bertas Hand. Es ist, als versuche sie sich am Leben festzuhalten, während doch alles an ihr eine so klare Sprache spricht.

»Berta, du kannst jetzt loslassen. Da, wo du jetzt hingehst, gibt es keine Krankheit mehr.«

Als ich ihr diese Worte zuflüstere, läuft eine Träne über ihr Gesicht. Ich stehe auf, um aus dem Badezimmer ein

Taschentuch zu holen. Als ich wieder an Bertas Bett trete, ist es vorüber.

Ich setze mich wieder neben sie, ergreife ihre Hand und beginne zu beten: »O Herr, gib ihr die ewige Ruhe, und das ewige Licht leuchte ihr. Herr, lass sie ruhen in Frieden.« Jetzt ist nicht der Zeitpunkt für blinden Aktionismus. Ich habe irgendwo gelesen, dass Verstorbene noch etwa fünf Minuten nach dem Eintritt des Todes hören können, was um sie herum geschieht. Diese fünf Minuten nehme auch ich mir, um von meiner Berta Abschied zu nehmen, und die Tränen laufen mir dabei übers Gesicht. Es ist ein ruhiges Weinen, ich habe mich an das Sterben gewöhnt.

Ich erinnere mich noch genau an meinen ersten Sterbenden in einem Altenheim. Meine damalige Wohnbereichsleitung hatte mich gefragt, ob ich dabei sein wollte. Vieles, was mir im Umgang mit Sterbenden wichtig ist, habe ich von ihr gelernt. Die Gespräche mit den Alten, die Gebete, die Gesänge. Als Alfons, so hieß der Mann damals, gestorben war, gab es für mich kein Halten mehr. Ich schluchzte wohl eine halbe Stunde ununterbrochen. Und es war nicht nur der Tod dieses alten Mannes, den ich so lieb gewonnen hatte, der mich derart mitnahm. Nein, es war viel mehr. Die Erinnerung an liebe Menschen, die ich selbst verloren hatte. Die Hand meines Opas, die ich ein letztes Mal gehalten hatte, bevor er wenige Stunden später starb. Meine eigene Angst vor dem Sterben. Meine Angst, geliebte Menschen zu verlieren. Meine Chefin hat mich damals ganz fest in den Arm genommen und getröstet. Ich werde wohl nie die Worte des Pfarrers, der die Krankensalbung gespendet hatte, in diesem Moment vergessen:

»Verlieren Sie das nicht, Schwester. Es zeigt, dass Sie mit dem Herzen dabei sind.«

Nachdem ich zu Ende gebetet habe, stehe ich auf und öffne das Fenster, damit die Seele hinausfliegen kann, und beginne mit dem fachlichen Teil. Ich teste, ob noch Puls zu spüren ist, messe den Blutdruck und schaue, ob die Pupillen auf Licht reagieren. Dem Arzt gebe ich Bescheid, er kommt erst in vier Stunden zur Leichenschau. Vorher kontrollieren wir Pflegekräfte, ob jemand wirklich tot ist. Da bin ich auch schon mal mit Angehörigen aneinandergeraten, die mir partout nicht glauben wollten, dass ihr Papa gestorben ist. Die forderten auf der Stelle einen Arzt, der das auch sicher kontrolliert. Das sind mir ja die Liebsten, die sich sonst nie kümmern und dann so einen Aufstand machen. Ich ruf doch keinen Notarzt, damit der mir den Tod bestätigt – und woanders stirbt ein Kind, weil kein Arzt verfügbar ist! Aber ich will mal nicht so böse sein, die Leute wussten es ja nicht besser. Im Gegensatz zu mir werden sie schließlich nicht täglich mit dem Tod konfrontiert.

Mit einer gewissen Erfahrung erkennst du einfach sofort, ob jemand tot ist. Du weißt, wie es aussieht, wenn der Lebensfunke aus den Augen gewichen ist. Ich kann es nicht beschreiben, aber wer das schon mal erlebt hat, der vergisst es nie wieder. Und Laien haben da eben manchmal Schwierigkeiten, zum Beispiel auch Niklas, unser Azubi im ersten Lehrjahr, der einmal ziemlich verwirrt zu mir kam:

»Die Klara ist heute irgendwo komisch. Die hat heute beim Waschen überhaupt nicht mitgeholfen.«

Tja, Klara war schon seit etwa einer halben Stunde tot. Das sah ich sofort, als ich ins Zimmer kam, um sie mir anzusehen. Als ich Niklas das sagte, übergab er sich erst mal nebens Bett. Ich habe ihn das selber aufwischen lassen. Inzwischen erkennt er selbst, ob jemand schon tot ist. Es gibt Sachen, die passieren dir kein zweites Mal.

Ich blicke auf Bertas ruhiges, gelöstes Gesicht. Es war ein schöner Tod. Manche Menschen, gerade die schwer kranken, bäumen sich im Sterben noch einmal auf, fangen an zu sprechen, als würden sie sich mit aller Gewalt gegen das Sterben wehren.

Manchmal kommst du auch in ein Zimmer, und dir starrt aus einem Bett eine Fratze entgegen, schlimmer verzerrt als jede Halloweenmaske. Das ist gerade bei Herzanfällen immer wieder mal der Fall. Was mag so ein Mensch wohl im Sterben gelitten haben?

Gerade in der Nacht steckt man so etwas nicht so leicht weg. Sosehr ich mich auch ans Sterben gewöhnt habe und gern auch mal den flapsigen Spruch »Der läuft nicht mehr weg« bringe, in der Dunkelheit behältst du deine Toten schon ganz anders im Auge. Hat da nicht doch noch eine Ader gezuckt? Der Arm sich bewegt? Und selbstverständlich wird das Zimmer immer abgesperrt, während ich auf den Arzt für die Leichenschau warte. Nicht aus Angst natürlich. Ich doch nicht. Damit niemand versehentlich ins Zimmer stolpert. Ist Vorschrift. Ehrlich!

Monika ist immer noch nicht da, und das ist gar nicht so schlecht, denn so habe ich noch genügend Zeit, Berta perfekt herzurichten. Wenn Moni da gewesen wäre, wäre das nun der Zeitpunkt, sie kurz aus dem Zimmer zu schicken. Denn das müssen die Angehörigen nicht sehen. Genauso wie ich die Privatsphäre der Lebenden schütze und ihnen nur den Hintern abputze, wenn keiner danebensteht und glotzt, genauso will ich auch, dass die Würde der Verstorbenen gewahrt wird. Da haben sich die Zeiten einfach geändert. Früher hätten die Verwandten den Leichnam zurechtgemacht – heute möchte das selten noch jemand. Ich habe das zumindest noch nie erlebt. Der Tod ist einfach nicht mehr Teil unseres Lebens.

Berta hat im Sterben stark geschwitzt, daher ziehe ich ihr ein frisches Nachthemd an. Es fasziniert mich immer wieder, wie sich der Körper verändert, wenn jedes Leben aus ihm gewichen ist. Normalerweise sind immer – egal ob man sich dessen nun bewusst ist oder nicht – irgendwelche Muskeln angespannt. Bei Toten ist das nicht mehr der Fall. Arme und Beine lassen sich bewegen, als wären sie aus Gummi. Gerade bei Personen mit Gelenkversteifungen ist der Unterschied richtig heftig.

Wenn jemand eine PEG oder einen Katheter hatte, entferne ich die außen sichtbaren Teile. Die Angehörigen sollen beim letzten Mal ihre Lieben ganz ohne »Anbauteile« sehen.

Berta hat sich außerdem wie so viele Sterbende im Tod noch einmal entleert, daher wechsle ich das Inkontinenzmaterial, ziehe das Bett ab, gebe die Bettdecke in die Wäsche und markiere sie als »Verstorbenenbettwäsche«, damit sie gesondert behandelt wird. Ob das in hygienischer Hinsicht notwendig ist? Ich weiß es nicht. In psychologischer auf jeden Fall. Ich hole einen frischen Bettbezug und decke Berta damit zu. Ihre Augen sind schon geschlossen, ich lege ihr zur Sicherheit noch feuchte Wattepads auf die Lider, bis die Angehörigen kommen, damit diese nicht aufklappen und dann mit dem Eintritt der Leichenstarre so bleiben. Unters Kinn kommt ein zusammengerolltes Handtuch, damit der Mund nicht offen steht. Außerdem setze ich Berta ihre Brille auf. Ihre Familie soll sie genauso zu Gesicht bekommen, wie sie sie zu Lebzeiten gekannt hat. Manche Alten haben auch ein Lieblingskuscheltier. Das gebe ich ihnen in den Arm. Ich räume leere Trinkgläser, Tablettenschachtel und Brillenetui von Bertas Nachtkästchen, damit nichts Alltägliches die ruhige Szenerie stört. Nur die Bilder ihrer Lieben und die Duftherze lasse ich stehen.

Ich bin gerade fertig, als Moni abgehetzt ins Zimmer kommt.

»Bin ich zu spät? O mein Gott, ich bin zu spät. Ich war beim Einkaufen, ich hatte mein Handy im Auto liegen. Sie ist ganz allein gestorben. Ohne mich!«

»Moni, das passt schon. Mach dir keine Vorwürfe. Deine Tante ist sehr ruhig gestorben. Und ich glaube, manchmal fällt es den Menschen leichter zu sterben, wenn keiner dabei ist, der sie festhält.«

Moni sieht mich aus tränengefüllten Augen dankbar an und lässt sich auf den Stuhl neben dem Bett sinken.

»Ach, Berta!«

Langsam ziehe ich die Tür hinter mir zu.

Organisatorisch ist bei Berta für alles bestens gesorgt. Schon bei ihrem Einzug vor zwei Jahren wurde alles genauestens festgelegt. Sie hat sich sogar schon ihren Sarg ausgesucht. Im Schrank hängt das Kleid, das sie auf ihrem letzten Weg tragen wollte. Das rote, tief ausgeschnittene.

»Das betont meinen Busen so vorteilhaft.«

Altersvorsorge, Patientenverfügungen – wenn man sich übers Altern und Sterben so viele Gedanken macht, dann sollte man auch für die Zeit nach seinem Tod einige Überlegungen anstellen, und zwar nicht nur in Form eines Testaments. Ich weiß zum Beispiel auch schon ganz genau, dass ich keine Platte auf meinem Grab haben will. Nur weil das so pflegeleicht ist? Ha! Ich will ein schönes Grab, um das sich jemand richtig mit Herzblut kümmern muss. Jede Woche frische Blumen und so.

Es gibt nichts Schlimmeres, als wenn einer unserer Alten verstirbt, es keine Regelungen bezüglich der Bestattung gibt und keiner der Angehörigen oder Betreuer zu erreichen ist. Was tun? Wir können die Toten ja nicht bis zum Sankt-Nimmerleins-Tag bei uns im Heim herumliegen lassen. Gerade im Sommer, bei 30 Grad im Schatten, ist das ein Ding der Unmöglichkeit. Also wird der nächstbeste Bestatter angerufen, der die Verstorbenen abholt – und der macht es dann eben so, wie es ihm am besten passt. Notfalls packt er sie für den Transport nur in einen schmucklosen Plastiksack.

Aber Berta und Monika haben sich ja um alles gekümmert, und so läuft alles ganz nach Wunsch, als sie am Nachmittag durch den Vordereingang der Frankenruh nach draußen gebracht wird.

Früher hat man die Leute durch den Hinterausgang in Nacht-und-Nebel-Aktionen abtransportiert. Man wollte die anderen nicht »beunruhigen« – wobei ich das ziemlich kurzsichtig finde. Was ist das Problem daran, den Menschen zu zeigen: Ihr werdet sterben, aber es wird in Ordnung sein? Denn mal im Ernst: Nur weil man nicht mit den Leuten darüber spricht, dass jemand gestorben ist, heißt das doch noch lange nicht, dass sie es nicht mitbekommen. Und über ihre eigene Sterblichkeit machen sie sich bestimmt auch Gedanken. Da ist es doch sinnvoll, ihnen so vielleicht eher die Angst zu nehmen.

Aber, wie gesagt, das mit dem heimlichen Abtransport war früher. Heute ist man da schon offener geworden. So versammeln sich häufig alle, die gerade in der Halle sind, zu einem Gebet, um von der Mitbewohnerin Abschied zu nehmen, wenn der Sarg nach draußen gefahren wird. Wobei ich auch das noch nicht perfekt finde. Wenn in meiner Schicht jemand stirbt, biete ich häufig auch die Möglichkeit an, gemeinsam eine komplette Andacht zu beten. Ich stelle dann ein Kreuz und ein Bild des Verstorbenen auf, und wer will, kann so noch einmal bewusst Auf Wiedersehen sagen.

Denn dass der Tod die Leute beschäftigt, das ist unübersehbar. Gerade in den ersten Tagen, nachdem jemand verstorben ist, gibt es immer wieder Alte, die dich unvermittelt beim Waschen oder Essen ansprechen:

»Jetzt ist die Gundi auch tot. Aber das war schon gut. Sie war ja so krank.«

Es ist immer in den Köpfen, weshalb sollte man diesen Gedanken nicht einen Rahmen geben? Viele meiner Kollegen finden das komisch und »übertrieben«. Aber das ist mir egal. Ich bin jetzt schon lange genug dabei, da lass ich mir nicht mehr reinreden.

Für uns ist der Abschied am Heimeingang meist der endgültige. Natürlich kommt es vor, dass einem bestimmte Bewohner besonders ans Herz gewachsen sind, sodass man auch auf die Beerdigung geht. Aber in der Regel bleibt dafür durch den Schichtdienst keine Zeit. Das Heim selbst schickt dann aber eine Abordnung hin, um vor der Verwandtschaft noch einmal zu demonstrieren, was für eine tolle Einrichtung man ist. Aber das ist eben Marketing – fast so wichtig wie die Todesanzeigen, in denen hoffentlich steht: »Wir danken auch den Pflegekräften der Frankenruh, die sich so hervorragend um unsere liebe Mutter und Tante gekümmert haben.«

Andererseits darf ich nicht sticheln: Was würde ich wohl sagen, wenn die Leitung niemanden hinschicken würde? Das Sterben ist ein schwieriges Thema – da wirft man schnell jemandem Heuchelei vor. Vielleicht auch mir?

Mein größter Schatz ist eine Karte, die ich einmal von der Tochter eines schwer kranken Mannes erhalten habe, den ich wie Berta im Sterben begleitet habe:

»Ich möchte mich auf diesem Wege bei Dir bedanken. Wie Du Dich um meinen Vater, um uns gekümmert hast – das hat uns allen sehr geholfen.

Du wirst mir in bester Erinnerung bleiben!«

So stehen wir nun alle in der Halle, und der Sarg wird herausgetragen.

»Deine Hand, die linde, drück das Aug uns zu. Bleib im Tod und Leben unser Segen Du!«, singen wir. Sopherl ist auch dabei, aber ich glaube, sie begreift nicht recht, worum es geht. Für sie liegt Berta immer noch im Zimmer und »fühlt sich nicht gut«. Oder sie hat sie schon ganz vergessen. Vielleicht ist das besser für sie. Ich werde Berta nicht vergessen, so wie vieler meiner Alten immer ein Plätzchen in meinem Herzen haben werden.

Leb wohl und auf Wiedersehen, Berta.

SPÄTE EINSICHT

Das Leben geht weiter bei uns ihm Heim, schließlich gehört das Sterben bei uns zum Alltag. Noch einige Tage steht Bertas Bild in der Halle. Sie war bei den anderen Bewohnern äußerst beliebt, es wird sehr viel über sie geredet.

Sophie hat den Verlust gut verkraftet. Sie erinnert sich nicht mehr daran, mit was für einem großartigen Menschen sie ihr Zimmer geteilt hat. Nur die Langeweile spürt sie und stromert, dem typischen Bewegungsdrang der Dementen folgend, durchs Haus und sucht nach jemandem, der mit ihr Karten spielt. Wenn sie dann ganz einsam und allein in ihrer Sitzecke kauert und auf etwas wartet, von dem sie selbst nicht weiß, was es ist, bricht es mir schier das Herz.

Bertas Nichte Moni hat gleich am Montag die Sachen ihrer Tante zusammengepackt und mitgenommen. Ihre Bücher hat sie in die Heimbücherei gegeben. Auch einen Großteil der Kleidung hat sie bei uns gelassen. Wir können dann gemeinsam mit den anderen Alten überlegen, ob jemand vielleicht ein paar von den Kleidungsstücken auftragen möchte. Bertas feine Blusen kamen bei den Damen sehr gut an. Für ihren extravaganten smaragdgrün schimmernden bodenlangen Samtrock haben wir jedoch keinen Abnehmer gefunden. Nur Sopherl hätte sich wohl liebend gern in dieses Traumteil gehüllt, aber die wäre mit ihrer Kleidergröße 32 wahrscheinlich komplett darin verschwunden. Wir haben den Rock also den Ministranten gespendet. Für Dreikönig wird einer der Monarchen mit einem neuen Mantel ausgestattet werden.

Obwohl Monika schon am Montag alles eingepackt hat, ist sie auch an den darauffolgenden Tagen immer wieder unter fadenscheinigen Gründen ins Heim gekommen und hat ein paar Worte mit uns und auch mit Sophie gewechselt. Manchmal ist das Abschiednehmen eben doch ein langwieriger Prozess.

Und dennoch: Die Frankenruh ist kein Trauerhaus. Nur noch wenige Tage vor Weihnachten sind nun alle mit dem Weihnachtsfieber angesteckt. »Jingle Bells« aus dem Radio und Glühwein zum Nachmittagskaffee tun ihr Übriges.

Nur eine lässt sich von der angenehm gelösten Stimmung nicht anstecken. In der letzten Zeit hat sich die Harte Hanna immer mehr zurückgezogen. Während sie in den ersten Wochen ihres Aufenthalts jede Gelegenheit zum Sticheln und Stänkern ergriffen hat, sucht sie gerade in der Adventszeit immer mehr die Einsamkeit. Sie isst zwar ausreichend, zeigt keine Anzeichen von Erkältung oder sonstigen Erkrankungen, ist aber schrecklich niedergeschlagen und schweigsam.

Als sie zwei Tage vor Weihnachten beim morgendlichen Waschen mehrere astreine Vorlagen, mich anzustänkern, ungenutzt verstreichen lässt, kann ich mich nicht zurückhalten und spreche Olga auf mein Sorgenkind an:

»Sag mal, was ist denn mit der Hanna los? Was hat die denn? In der Doku steht nichts. Hast du auch gemerkt, wie komisch die ist?«

»Ich hab keine Ahnung. Sie ist rein körperlich gesund, aber irgendwie total neben der Spur.«

»Hat sie Ärger mit irgendjemandem?«

»Na ja, auch nicht mehr als sonst. Ich versteh's einfach nicht.«

»Denkst du, die hat vielleicht Angst vorm Sterben? Berta war ja die Erste, die sie jetzt hier so richtig mitbekommen hat.«

»Ach ne, das glaub ich nicht. Die wird ja in ihrem Leben schon ein paar Todesfälle erlebt haben, oder?«

Und Olga hat recht. Die wenigsten unserer Alten haben wirklich Angst vorm Sterben, so unlogisch das einem zunächst erscheinen mag. Ich hatte mir ja immer gedacht: Wenn man erst einmal die sechzig überschritten hat, dann denkt man über nichts anderes mehr nach. Aber je näher der Zeitpunkt kommt, desto mehr verliert der Tod offenbar seinen Schrecken – und ich meine da jetzt keine irgendwie antrainierte buddhistische Gelassenheit, die nur mit Ach und Krach die tief sitzende Angst zu bedecken versucht. Nein, vielen Menschen, die ein gewisses Alter erreicht haben, ist das Nahen des Todes schlichtweg egal. Ich glaube, wenn man gerade dreißig oder vierzig ist, kleine Kinder hat und ein Haus abzubezahlen, dann ist der Tod wirklich etwas verdammt Furcht einflößendes. Aber wenn fast alle, die du einmal gern hattest, schon tot sind, dein Körper nicht mehr mitmacht und kein Essen mehr schmeckt, dann ist Leben wohl eher wie ein Spiel, das schon in der zweiten Runde langweilig geworden ist und auf dessen Ende du sehnsüchtig wartest.

Nun ja, daher glaube ich auch, dass es nicht die Angst vor dem Tod ist, die Hanna so zusetzt. Doch dass sie irgendetwas hat, ist offensichtlich. Sie zu fragen, traue ich mich nicht wirklich. Die Alten, die sind einfach eine andere Generation. Eine Generation, die nicht über jede Befindlichkeit und jedes Wehwehchen aus dem Nähkästchen plaudert oder sich dazu in eine Talkshow setzt. Heute hast du Ärger im Job, und sofort meldest du dich beim Psychologen an oder begibst dich auf eine spirituelle Selbstfindungsreise, um dieser Sinnkrise mit professioneller Unterstützung den Kampf anzusagen. Aber sich mal ruhig hinzusetzen und sich ganz allein mit dem Problem auseinanderzusetzen, darauf kommt heutzutage ja keiner mehr. Die Alten übertreiben es vielleicht mit ihrem »Über meine Probleme spreche ich nicht« – aber das andere Extrem ist sicherlich auch nicht die Lösung.

Wie soll ich aber nun jemandem helfen, an den ich nicht rankomme? Alles Hin und Her bringt nichts: Ich muss es versuchen und Hanna darauf ansprechen. Etwas anderes, als mich anschnauzen, kann sie ja nicht. Na ja, vielleicht einen Schuh nach mir werfen? Aber so zielsicher sind die Alten in der Regel nicht.

»Hey, Hanna. Du machst mir Sorgen. Was ist denn los?«

Anstatt mich anzuschnauzen, dreht Hanna nur das Gesicht zum Fenster und presst fest ihre dünnen Lippen aufeinander.

»Kommt schon, Hanna. Red mit mir. Das wird dir helfen! Hast du Angst vor dem Sterben? Geht's um Berta?«

Es ist, als hätten meine Worte eine Schleuse in Hanna geöffnet, sie beginnt zu weinen, und dicke Tränen laufen ihr über die Wangen. Ich erkenne, dass ich jetzt einfach still sein muss, setze mich neben sie an den kleinen Tisch und warte ab, bis sie endlich zwischen zwei Schluchzern hervorstößt:

»Nein, das ist ja das Schlimmste. Ich bin so ein schrecklicher Mensch und weine nur über mich. Weil ich so böse bin. Über Berta reden jetzt alle so gut – und wenn ich sterben würde, würden alle bloß sagen: ›Gott sei Dank, dass die schimpfende Hanna endlich weg ist.‹«

Ich verstehe nicht ganz, worauf Hanna hinauswill, schweige aber weiterhin, und Hanna beginnt zu erklären:

»Ich hab's immer so schwer gehabt. Als die Russen gekommen sind und uns alles weggenommen haben und als der Vater nicht aus dem Krieg wiedergekommen ist und ich mich allein um die Geschwister kümmern musste, weil die Mutter den ganzen Tag nur im Bett gelegen hat. Und mit der Ehe hatte ich ja auch kein Glück. Nur Geld, aber keinen, der mich wirklich mochte. Später war's ja auch nicht besser, als mein Mann mich verlassen hat, und jetzt, wo meine Kinder mich nicht sehen wollen. Und ich hab immer gedacht, was ich für ein armer Mensch bin, aber wenn ich seh, was für ein lieber Mensch die Berta war und wie lieb sie alle hatten, oder wenn ich mitbekomme, dass die Sophie, noch während sich der Hans und ich uns über sie lustig machen, nur an dich denkt und sich Sorgen um dich macht, dann merk ich, dass ich irgendwie immer alles falsch gemacht hab. Und wie dumm es war, mir einzubilden, was ich für ein schlimmes Leben hatte. Dabei hätt ich vielleicht glücklich sein können. Ich wünschte, ich wär tot.«

Ich weiß nicht, was ich darauf sagen soll. Denn Hanna hat ohne Zweifel recht. Gerade wenn man ihr Schicksal mit dem anderer alter Menschen vergleicht. Sicherlich war es nicht leicht, die Nachkriegszeit zu überstehen, und ihr Hass auf alle Slawen erklärt sich sicherlich dadurch, dass die Russen ihnen alles abgenommen haben. Und doch ist ihr Schicksal kein Einzelschicksal. Und es gibt so viele, die es bestimmt noch schlimmer getroffen hat und die sich dennoch nicht in eine zänkische Alte, wie Hanna eine ist – oder wie sie sich immer gibt –, verwandelt haben. Menschen, die ich tränenüberströmt in ihrem Zimmer finde, weil sie sich wieder daran erinnern, wie Mutter und Geschwister vor ihren Augen vergewaltigt wurden. Danach der Bauch aufgeschlitzt mit einem in die Vagina gesteckten Bajonett. Frauen, deren Männer vor ihren Augen erschossen wurden, denen ihr Kind in den Armen gestorben ist und die in einer Pflegekraft den verlorenen Sohn zu erkennen glauben. Doch es gibt keinen Gradmesser für Leid und Elend, und es verwundert mich nicht, dass ein Kind, das sich immer nur auf die eigene Kraft verlassen konnte, sich nie wirklich für andere geöffnet und immer nur für sich selbst interessiert hat. So viel an dieser Stelle von meiner Altenheimküchentischpsychologie. Davon können Sie jetzt halten, was sie wollen.

Ich bleibe sitzen und ergreife über den Tisch hinweg Hannas Hand. Sie zieht sie nicht weg. Eine ganze Weile sitzen wir so da. Schweigend. Denn für manche Sachen gibt es einfach keine Worte. Erst als die Schluchzer völlig verstummt sind, ergreife ich das Wort:

»Weißt du, Hanna, das Gute ist doch, dass du das erkennst. Denn dann hast du ja die Möglichkeit, noch was zu ändern. Schau dir doch nur die arme Sophie an. Sie ist jetzt so oft allein. Da könntest du dich doch ab und zu um sie kümmern. Das hätte auch die Berta sehr gefreut. Und übrigens: Auf den Tod brauchst du nicht zu hoffen: Die, die sich's am meisten wünschen, werden fast immer neunzig!«

ES LEBE DIE FREIHEIT?

Und so geht das Leben weiter, mit all seinen großen und kleinen Sorgen. Man denkt über die, die einem fehlen nach, über die Sorgen und Nöte derer, die geblieben sind, aber die Hände in den Schoß legen, das darf man währenddessen nicht, denn es gibt ja noch so viele andere Bewohner, um die man sich kümmern muss.

Am nächsten Tag um 11 Uhr sitzen meine Alten frisch gewaschen und geduscht, Haare gekämmt und angezogen, an ihren Tischen und überbrücken die Zeit bis zum Mittagessen. Der richtige Moment für ein kleines Zigarettenpäuschen. Ich finde es ein bisschen übertrieben, tatsächlich nur in der halbstündigen Pause rauchen zu dürfen, daher splitte ich eben meine Pause gerne mal auf zwei oder drei Raucherpausen. Dass ich dadurch unterm Strich wahrscheinlich zehn Minuten weniger Pause mache als andere Kollegen, nehme ich gerne in Kauf.

Als hätte er es gerochen, schleicht, gerade als ich mir mein Kippchen anstecke, Hans ums Eck, der mit seiner chronischen Bronchitis eigentlich eher ein Kandidat für ein Nikotinpflaster als für eine Schachtel Ernte 23 pro Tag wäre. Nicht dass wir nicht schon mehrmals versucht hätten, ihm das klarzumachen, aber in diesem Punkt ist er uneinsichtig. Dennoch muss ich es ihm natürlich jedes Mal wieder sagen – Berufsethos. Das lässt sich einfach nicht unterdrücken:

»Hans, das ist aber nicht gut für deine Bronchitis, wenn du schon wieder rauchst.«

Zwischen zwei keuchenden Atemzügen stößt Hans nur grummelig hervor:

»Rutsch mir den Buckel runter. Ich rauch schon so lange, da kommt's auf die eine jetzt auch nicht mehr an.«

»Das werd ich dem Doktor sagen müssen, wenn er beim nächsten Mal da ist.«

Außer einem herablassenden »Pff« bekomme ich keine Antwort. Auch gut. Wenn er mich anschnorren würde, müsste ich ihm die Zigarette vorenthalten. Aber er hat seine eigene Schachtel dabei. Jeden Monat liefert sein Sohn ihm eine Stange frei Haus. Ich finde das ja eigentlich sehr nett von ihm, widerspreche aber nicht, wenn die Kolleginnen darüber schimpfen.

Dabei ist Hans nicht mal unser schlimmster Kandidat. Er wird übertroffen von Adelgunde, die noch mit ihrem Sauerstoffgerät auf die Raucherterrasse zieht.

»Mit Mentholzigaretten ist das ein bisschen wie Inhalieren. Ich habe das Gefühl, davon wird's besser«, betont sie immer wieder mit einem Augenzwinkern.

Und ob Sie mir's glauben oder nicht: Gundi hat schon so einige »gesündere« Bewohner überlebt. Wobei es ihr sicherlich nicht schaden würde, ihren Konsum ein bisschen zu reduzieren.

Dabei bin ich ja wirklich auch kein leuchtendes Vorbild. Wie will ich die Leute vom Rauchen abhalten, wenn ich selber mit der Kippe in der Hand dastehe? Eigentlich bin ich doch selbst nicht bis ins tiefste Innere vom Segen der Nikotinabstinenz überzeugt, sonst hätte ich Depp ja schon längst aufgehört. Und mal im Ernst: Wenn es sowieso schon klar ist, dass die Bronchitis nicht mehr weggeht oder dass der Krebs im Endstadium nicht zu heilen ist, dann leuchtet es mir nicht ein, eine über Jahrzehnte lieb gewonnene Gewohnheit noch so kurz vor dem Tod aufzugeben. Wenn allerdings bei mir Lungenkrebs diagnostiziert würde, und der Arzt sagt: »Hören Sie jetzt auf zu rauchen, dann machen wir eine Chemo. Ihre Chancen stehen 70 zu 30«, dann würde ich natürlich noch heute mit dem Rauchen aufhören. Aber solche Fälle haben wir eben einfach nicht bei uns. Da ist der Zug schon längst abgefahren.

Also stehen Hans und ich schweigend nebeneinander und ziehen uns den Dreck auf Lunge rein. Ich muss schon sagen: Wenn ich ihn so anschaue mit seinen krummen gelben Zähnen und seiner faltigen Pergamenthaut, dann schmeckt mir meine Zigarette doch gleich ein bisschen weniger gut. Aber zum Sinnieren über meinen ungesunden Lebenswandel bleibt jetzt keine Zeit. Noch ein letzter Zug, dann geht's wieder zurück zu meinen Alten. Essenszeit.

Ich versuche, schnell an Klaus' Bürofenster vorbeizuhuschen, aber er hat natürlich alles gesehen:

»Kannst du nicht dem Hans ein bisschen ins Gewissen reden?«, ruft er mir durchs gekippte Fenster zu. Ich zucke nur halb schuldbewusst die Achseln. Was soll ich machen?

Man kann die Leute ja nicht einsperren und zu ihrem Glück – oder zu dem, was unsereins dafür hält – zwingen. Sie sind eben, obwohl vielleicht alt und tattrig und nicht mehr in der Lage, sich selbst zu versorgen, mündige Menschen, in deren Leben wir nur ganz beschränkt reinreden können.

Aber die Raucherei ist ja nicht das einzige Problem. Mit dem Trinken ist es genauso eine Sache. Nicht alle haben sich so im Griff wie eine Bewohnerin von uns, die als trockene Alkoholikerin darauf achtet, dass sie auf keinen Fall mit Alkohol in Berührung kommt. Und wir unterstützen sie dabei, so gut es geht. Bei ihr landen keine Mon Chéri im Nikolaussäckchen. Wenn es ein Essen mit Weißweinsoße gibt, sagen wir ihr rechtzeitig Bescheid und sorgen dafür, dass sie irgendetwas anderes bekommt. Aber, wie gesagt, sie ist da leider die Ausnahme. Wir haben hier Leute, die jeden Tag ihre zwei Bier reinlaufen lassen, obwohl sie Medikamente nehmen, die sich eigentlich gar nicht mit Alkohol vertragen. Da können wir mit Engelszungen auf sie einreden. Wenn sie nicht wollen, dann haben wir hier keine Handhabe, ihnen den Alkohol wegzunehmen.
»Du hast mir gar nichts zu sagen, wenn ich mir abends meine zwei, drei Bier genehmige. Als ob du nicht auch abends was trinken würdest!«
Touché.
Und solange sie selbst losziehen und sich ihren Stoff kaufen können oder das Töchterlein jede Woche einen Kasten ins Heim kutschiert, wird sich das auch nicht ändern. Ähnlich ist es auch mit Medikamenten. Wir Fach-

kräfte müssen ja für jede Paracetamol den Arzt anrufen. Wenn das Töchterlein einen 300er-Pack im Nachtkästchen bereitstellt, darf Papa so viele Tabletten schlucken, wie er will. Ich kann ja nicht das Zimmer regelmäßig filzen und Betäubungsmittel konfiszieren. Daheim haben sie es ja auch nicht anders gemacht. Und unrecht hat Hanna nicht, wenn sie sagt:

»Das entscheid ich selbst, ob ich meine Leber kaputt mache.«

Außerdem ist es im Hinblick auf den Alkohol sinnvoller, jemand trinkt wenigstens seinen Liter Bier, anstatt gar keine Flüssigkeit zu sich zu nehmen. Vertrocknen lassen wollen wir die Leute natürlich auch nicht.

Ziemlich schlimm trieb es allerdings ein Bewohner aus dem Regenbogen, der inzwischen auch das Zeitliche gesegnet hat. Der zog jeden Abend mit seinem Rollator los zum nächsten Wirtshaus und hat sich da volllaufen lassen. Dann kam er sternhagelvoll zurück, legte sich ins Bett und hat sich über Nacht schön eingepinkelt. Und zwar nicht, weil er es nicht anders konnte. Sein Argument war:

»Das ist so schön warm – da brauch ich doch aus dem Bett nicht raus!«

Dann beziehst du eben in jedem Nachtdienst sein Bett. Noch schlimmer war allerdings, dass der gute Mann tatsächlich auf dem Heimweg im Zickzack die ganze Straßenbreite einnahm, dazu dunkle Hose, dunkles Hemd, dunkle Kappe – auf dem Weg zum Nachtdienst hab ich ihn selber einmal fast überfahren. Aber schließlich hat jedes Dorf seinen Trinker – und der wird ja auch nicht eingewiesen oder weggesperrt. Das sind eben doch alles erwachsene Leute – auch wenn man es in so einem Moment dann nicht glauben kann.

Doch das schlimmste Problem ist eigentlich die elende Esserei. Gerade bei den Diabetikern. Die sind entweder mit Tabletten oder Insulinspritzen so gut eingestellt, dass sie von der Krankheit kaum etwas mitbekommen – und genau das ist die Crux. Denn obwohl die Medikation so gut anschlägt, sollten sie natürlich weiter genau auf ihre Ernährung achten. Das heißt dann eben, dass es zum Frühstück keine zwei weißen Brötchen mit Nutella gibt, sondern stattdessen Vollkornbrot mit zuckerreduzierter Marmelade. Statt fünf Zuckerstückchen kommt eben nur noch eines in den Kaffee, oder auch Süßstoff, wobei der natürlich wieder für Heißhunger sorgt. Das ist in der Tat ein bisschen problematisch.

Natürlich ist es nicht schön, seine Ernährung so umzustellen, vor allem wenn die Schäden daraus – Erblindung, diabetischer Fuß – vermeintlich in weiter Ferne liegen. Ich habe mal irgendwo gelesen, dass der Mensch nur über einen bestimmten Zeitraum Zusammenhänge begreifen kann (also wirklich annehmen und entsprechend danach handeln; wissen tun sie es natürlich). Wenn man sie fragt: Willst du heute 10 Euro oder nächstes Jahr 100, dann entscheiden sie sich in der Regel für die 10 Euro im Hier und Jetzt. Und genauso entscheiden sich meine Alten für ihre Schachtel Pralinen heute, aber gleichzeitig eben auch für ihren diabetischen Fuß im nächsten Jahr.

Ich kann es in einem gewissen Maß auch verstehen. Ich weiß schließlich auch, dass es mir nicht guttut, wenn ich beim Feiern mit Freunden ein Bier zu viel erwische. Und trotzdem mache ich es immer wieder mal – dabei hab ich ja sogar noch die unmittelbare Rückmeldung in Form eines Katers. Genau so also, wie ich alle paar Wochen ein Bier zu viel trinke, essen die alten Leute dann eben auch mal ein Stückchen Torte zu viel. Am Sonntag, am Geburtstag, gerade jetzt in der Adventszeit. Daher ist es eben auch so wichtig, dann in den alltäglichen Dingen Zucker zu reduzieren. Berta, der alten Colasüchtigen, habe ich immer »Zero« statt der normalen Coke hingestellt. Das hat sie nicht einmal gemerkt. Oder wenn jemand partout nicht von seiner Schokolade lassen will, dann bekommt er eben Zartbitter. Und wie gesagt: Ausnahmen erlaubt.

Problematisch wird's dann, wenn einem die Angehörigen in den Rücken fallen. Die den Opa jedes Mal, wenn er bei ihnen daheim auf Besuch ist, mit Kuchen und Plätzchen vollstopfen und das Ganze nur schulterzuckend kommentieren: »Dann spritzen Sie ihm halt mal ein paar Einheiten Insulin mehr. Er hat ja sonst nix.«

Ebenso schwierig ist es auch mit den Leuten, die sich mit Händen und Füßen wehren. Die auf keinen Fall auf ihr Nutellabrötchen verzichten wollen, dir den ungesüßten Kaffee eher ins Gesicht spucken, als ihn zu trinken. Und das sind nicht nur die Dementen. Da wären wir wieder bei den mündigen Menschen. In solchen Fällen hast du einfach keine Handhabe. Wir leben noch nicht in einer Gesundheitsdiktatur, in der jeder abgestraft werden kann, wenn er sich auf gesundheitsschädigende Weise verhält. Gott sei Dank – verstehen Sie mich nicht falsch. Aber so können wir Menschen auch nicht von ihrem Nutellabrötchen abhalten. Solche Leute klären wir noch einmal darüber auf, dass das für sie gesundheitsschädigend ist, schreiben dann auch schön *Beratungsgespräch zum Essverhalten* in die Dokumentation und fügen hinzu, dass der Bewohner sich jedoch entschieden hat, sich auf eigene Verantwortung 2000 Kalorien bei einer Mahlzeit einzuverleiben. Nur so bist du als Pflegekraft auf der sicheren Seite.

Schlimm wird es dann, wenn Diabetiker dazu noch die Medikation verweigern. Weil sie Angst vor Spritzen haben oder so dement sind, dass sie einfach nicht begreifen, wie wichtig das Insulin für sie ist. Wenn gutes Zureden dann nicht hilft, lassen wir es bleiben. Auf körperliche Auseinandersetzungen legen wir es nicht an – und das dürfen wir ja auch gar nicht. Und wie einer unserer Ärzte unlängst sehr treffend bemerkt hat: Umfallen tun sie ja von ganz allein. Denn extrem hoher Überzucker, der nicht mit Medikamenten gesenkt wird, sorgt nicht nur für langfristige Schäden, sondern lässt die Leute auch einfach mal schnell vom Stuhl fallen, und dann kann sich niemand mehr gegen sein Insulin wehren. Wobei es schon erstaunlich ist, mit welchen Werten die Menschen hier herumlaufen. Wenn du sie runterspritzt auf einen Wert, der für einen gesunden Menschen »normal« ist, kippen sie vor Unterzucker vom Stuhl. Gleichzeitig haben die Menschen manchmal Werte nach dem Essen, mit denen sie laut Lehrbuch eigentlich ins diabetische Koma fallen müssten. Aber da sieht man mal deutlich, wie sehr die Normwerte von den tatsächlichen Befindlichkeiten abweichen. Deshalb beobachten wir unsere Alten auch immer ganz genau. Da kann der Wert noch so hoch sein, wenn sie sich beim eigentlich »richtigen« Wert schlecht fühlen, dann kann es für sie einfach nicht der optimale Wert sein. Die Ärzte sehen das ganz genauso und stellen die Medikamente entsprechend ein. Aber das mit den Normwerten ist sowieso so eine Sache, davon will ich gar nicht erst anfangen. Wie viele unserer Bewohner Cholesterin- und Blutdrucksenker bekommen, obwohl es ihnen einwandfrei geht, nur weil sich ihre Werte in einem Bereich befinden, der »fast schon ein kleines bisschen auffällig« ist ... Aber darüber haben schon genügend andere Leute geschrieben. Ich bleibe hier lieber bei meinen Leisten.

Wenn sich also jemand mit Händen und Füßen wehrt, dann kannst du relativ wenig machen. Das ist wie mit den Leuten, die sich nicht regelmäßig waschen lassen wollen und lieber in ihren eigenen Ausscheidungen sitzen. Erst letzte Woche hat sich Olga da wieder eine Ohrfeige eingefangen. Also lässt du den Bewohner in seinem Dreck sitzen und schreibst in die Doku: *Trotz ausdauernden Zuredens lässt sich Fr. Werner nicht das IKM wechseln. Der Versuch der PK wurde durch Schläge seitens Fr. Werner abgewehrt. Am Nachmittag wurde ein weiterer Versuch unternommen, der ebenfalls scheiterte.* Dann aber kommen die Klagen – über Scheidenpilze und Blasenentzündungen. Darüber brauchst du dich nicht wundern, wenn du auch nur einen Tag in dem Siff sitzt.

»Lore, wenn du dich nicht waschen lässt, dann sitzt du mitten in den Bakterien, die wandern dir in die Scheide und die Harnröhre, und dann gibt es Pilze und Entzündungen. Das hab ich dir schon oft genug gesagt.«

Nach so einem Erlebnis lassen sich diese Bewohner vielleicht ein, zwei, drei Tage lang ordentlich waschen, und am vierten Tag geht der ganze Ärger von Neuem los. Aber wie gesagt: Man kann niemanden zu seinem Glück zwingen. Schließlich sind wir hier kein Gefängnis, keine geschlossene Anstalt, sondern ein Altenheim, in dem die persönlichen Freiheiten so wenig wie möglich eingeschränkt werden sollen.

Deshalb gibt es bei uns auch keinen Zapfenstreich. Wenn einer bis in die Puppen fernsehen will, dann kann er das tun. Wichtig ist nur, dass er den Fernseher nicht so laut aufdreht, dass der Zimmernachbar nicht schlafen kann. Also kommt ein Schwerhöriger idealerweise zu jemandem ins Zimmer, den das Gedudel nicht stört. Wobei auch das Geflimmer des Geräts ein Problem sein kann. In meiner Ausbildung haben sie doch tatsächlich einen Epileptiker zu einem notorischen Fernsehglotzer ins Zimmer gelegt. Da muss man sich nicht wundern, wenn der Epileptiker dann jede Woche einen Anfall bekommt. Er wechselte das Heim, bekam ein Einzelzimmer und hatte dann nur noch einen Anfall im halben Jahr. Da muss man eben bei der Zimmervergabe das Hirn ein bisschen einschalten.

Auch beim Essen versuchen wir, auf die Bedürfnisse der Alten einzugehen. Für einen Herrn gab es sogar Suppe zum Frühstück, weil er nichts anderes mochte. Und wer bestimmte Lebensmittel einfach nicht runterbekommt, der kann sicher sein, dass wir uns darum kümmern. Aber wir können natürlich nur Bedürfnisse erfüllen, die auch geäußert werden. Wenn jemand wie ein bockiges Kind auf meine Nachfrage »Ist alles in Ordnung? Brauchst du was?« nur stur »Was soll ich schon brauchen?« antwortet, dem ist nicht zu helfen. Ich bin ja kein Gedankenleser.

Wir versuchen also, die Freiheiten der Menschen so weit wie möglich zu wahren und sie wirklich von dem zu überzeugen, was gut für sie ist.

»Berta, du willst doch eigentlich gar keinen zweiten Kloß mehr, oder? Du siehst schon ganz satt aus.«

»Siehst du, Franz, mit einem Stück Zucker schmeckt dein Kaffee doch genauso gut.«

Ja, es gibt die Fälle, bei denen all das nichts bringt. Aber sie sind wirklich die Ausnahme, denn jeder Mensch ist doch in irgendeiner Weise für gute Argumente offen. Daher macht es mich so fuchsig, dass manche Kollegen, die einfach keine Lust haben, mit den Alten zu diskutieren, auch den Leuten aus lauter Faulheit eine zweite Portion, das dritte Stück Kuchen, die Extrasahne auf den Teller knallen, bei denen es so einfach wäre, sie mit Argumenten zu überzeugen. Leute, die im Gespräch mit mir am Vortag noch problemlos auf ihre Nutella verzichtet haben, bekommen von diesen Kollegen das zuckrige Zeug serviert – einfach so.

Natürlich sieht unsere PDL Klaus das genauso:

»Gebt doch dem Herrn Kraus nicht so viel Marmelade zum Frühstück«, »Sorgt doch dafür, dass sich die Berta keine drei Stück Kuchen nimmt«, heißt es immer wieder in den Runden. Aber was bringt es? Nichts! Denn solche Kollegen wissen ja ganz genau, dass sie nichts zu fürchten haben. Dass Klaus sie sowieso nicht rauswirft, weil er für jede Fachkraft dankbar sein muss, die überhaupt zur Arbeit erscheint. Es ist zum Verzweifeln. Und Ermahnungen bringen da leider nichts.

Aber es sind ja nicht nur die Diabetiker, die zu viel und das Falsche essen. Gerade die Übergewichtigen, die Adipösen, sind ja im wortwörtlichen Sinne eines der schwersten Probleme in der Pflege. Damit meine ich jetzt nicht einen zwei Meter großen Mann, der angemessene 100 Kilogramm wiegt. Ich meine auch nicht diejenigen, die aufgrund einer Krankheit immer mehr zunehmen und nichts dagegen machen können. Ich spreche hier von den ein Meter sechzig großen Frauen, die 95 Kilogramm auf die Waage bringen und uns so jede Form der Pflege zur Hölle machen. Wenn ich bei einer normalgewichtigen bettlägerigen Bewohnerin die Einlage wechsle, rolle ich sie ein bisschen zur Seite und kann sie locker, wenn sie nicht von allein liegen bleibt, mit einem Arm in der Position halten, mit der anderen Hand die Einlage wechseln, den Hintern abwischen, den Bewohner zurückrollen und – zack, zack – die Einlage wieder durch die Beine ziehen. Wenn aber jemand 150 Kilo wiegt, brauche ich auf jeden Fall einen zweiten Helfer. Erst stemme ich mich mit meinem ganzen Körpergewicht gegen den Bewohner, um ihn hochzuwuchten, dann hält der Kollege von der anderen Seite, damit ich schnell unter dem Bewohner arbeiten kann, bevor die Massen über mir zusammenschlagen wie das Rote Meer. Dabei stehen wir – bildlich gesprochen – im 90-Grad-Winkel zum Bett, um für einen ausreichenden Hebel zu sorgen und so die Kraft aufzubringen, die Person irgendwie zu bewegen. Wenn das dann geschafft ist, liegt noch der Weg durch die Oberschenkel vor uns, der noch einmal zu einer Tortur für alle wird, denn versuchen Sie mal eine Windel durch einen knapp einen Zentimeter breiten Spalt zu zerren – weiter bekommen die dicken Leute die Beine nämlich nicht mehr auseinander. Und bevor jetzt das Geschrei anfängt: Diese Damen und Herren sind nicht etwa dick, weil sie krank sind, sondern weil sie in einer Tour futtern und weil es leider Kollegen gibt, die solche Bewohner immer nur weiter stopfen, stopfen, stopfen. Das ist kein Essen mehr, das ist die reine Mast. Und nur weil so ein Bewohner einen Nachschlag fordert, heißt das nicht, dass er tatsächlich auch einen braucht. Wer nach einer ordentlichen Portion noch Hunger hat, der sollte besser ein Glas Wasser trinken und keinen weiteren Kloß essen. Und wer bei einem zugegebenermaßen etwas missratenen Zwiebelkuchen trotz ausdrücklicher Warnung nicht nur den Belag isst, sondern sich selbst das Gebiss zieht, weil er vor lauter Gier den steinharten Boden auch mitessen wollte, der sollte sein Essverhalten mal grundsätzlich überdenken.

»Ganf fön hart diefer Kuchen.«

Warum nicht gleich den Teller noch dazu?

Durch die dauernde Esserei ist der Magen leider schon so ausgedehnt, dass solche Menschen natürlich laufend Hunger haben. Aber der muss eben kleintrainiert werden, und das dauert eine Weile. Stattdessen werden die »armen Leute, die solchen Hunger haben« immer weiter rausgefüttert. Kolleginnen, die so etwas machen, sind durchschnittlich einen Meter achtzig groß, wiegen selber 90 Kilogramm und wehren jeden Hinweis mit den Worten ab: »Also, *ich* kann den Karl immer noch sehr gut heben.« Aber als durchschnittlich große und starke Frau bist du eben doch eher nur einen Meter fünfundsechzig groß und kannst jemanden, der doppelt so viel wiegt wie du, einfach unmöglich allein lagern – und das in Zeiten, in denen man als Fachkraft allein einen kompletten Nachtdienst versorgen soll. Also brauchst du Lifte, bestimmte Hebesysteme, wie sie in vielen Heimen noch nicht zur Standardausrüstung gehören, und plagst dich damit ab, einen Menschen, der scheinbar keinen einzigen aktiven Muskel mehr im Leib hat, irgendwie zu bewegen. Und glauben Sie mir – Rückenschule, Fitnessstudio zum Muskelaufbau und was es sonst noch so gibt hin oder her –, es gibt für einen normalgewichtigen Menschen keinen gesunden Weg, 120 Kilogramm Lebendgewicht zu lagern. Ich bin mal gespannt, wann ich meinen ersten Bandscheibenvorfall bekomme. Denn diese Tätigkeit ist Schwerstarbeit. In irgendeinem Kontext sollte die Altenpflege mal mit einer »leichten Bürotätigkeit« gleichgesetzt werden. Ich glaub, ich spinne! Wenn ich so einen Brummer durch die Gegend wuchte, dann geht mein Puls auf 160, ich schwitze wie verrückt und bekomme danach nicht einmal eine Ruhepause, weil schon der nächste Doppelzentner zum Herumrollen bereitliegt. Dagegen ist die Arbeit als Kohlenschipper in einem Stahlwerk ein Klacks.

Deshalb kann ich auch im Alltag den Menschen nicht mehr beim Essen zusehen. Wenn ich in einen McDonald's gehe und einen Dicken Pommes und Burger in sich reinschaufeln sehe, würde ich am liebsten zu ihm hingehen und sein Gesicht in den Teller voll Mayo drücken: »Hör auf, dich vollzustopfen. Ich muss dich schließlich später mal durch die Gegend wuchten. Aber es sind ja meine Bandscheiben, nicht deine!«

Uiuiui, da hab ich mich aber in Rage geredet.

Aber das ist ja das Schlimme: Ich mag meine Alten so sehr – auch meine Dicken, und natürlich fällt es auch mir oft schwer, Nein zu sagen, aber es muss eben sein. Gerade Berta war kein Leichtgewicht und trieb mir immer wieder den Schweiß auf die Stirn. Aber muss denn die zweite Scheibe Braten mit fettiger Soße noch sein? Bei jemanden, der wirklich den ganzen Tag keiner körperlichen Betätigung nachgeht?

In diesem Moment kommt Niklas angerannt:

»Die Frau Anton möchte noch einen Nachschlag. Darf ich ihr was geben?«

»Sag ihr, wie haben extra für die Weihnachtszeit einen leckeren Apfel-Zimt-Tee gekauft. Davon kann sie eine große Tasse haben. Aber nur ein Stück Zucker.«

»Und wenn sie keine Ruhe gibt?«

Die Frage ist nicht unberechtigt. Antonia Anton (Ja! Eltern mit Sinn für Humor – es gab sie schon 1929!) ist da manchmal etwas uneinsichtig.

»Dann sag ihr, es gibt gleich Abendessen.«

»Aber es ist erst halb vier.«

»Keine Sorge, ohne ihre Brille kann die Antonia die Uhr sowieso nicht lesen. Und sie ist zu eitel, um sie aufzusetzen.«

WER SOLCHE KOLLEGEN HAT ...

Abends, Viertel nach acht. Die Bewohner liegen oder sitzen in ihren Betten. Während die einen schon langsam in den Schlaf hinüberdämmern, machen sich andere bereit für einen stimmungsvollen Abend mit Florian Silbereisen und dem *Adventsfest der 100 000 Lichter*. Ich sitze im Stationszimmer und bringe die Dokumentationen auf den neuesten Stand. Nur noch eine Viertelstunde bis Schichtende, da klingelt das Telefon.

»Hallo, Steffi – *affektiertes Husten* –, da ist die Anja. Mir geht's heute gar nicht gut. Ich hab mir irgendwas eingefangen. Ich lieg jetzt schon den ganzen Tag mit Kopf- und Gliederschmerzen auf dem Sofa und hab gehofft, dass es besser wird, aber ich pack es wirklich nicht. Ich werd morgen leider nicht in die Arbeit kommen können. Es tut mir sooo leid. Aber übermorgen bin ich bestimmt wieder da!«

Das hätte ich auch kommen sehen können. Anja hat nämlich morgen Geburtstag. Klar, dass sie da keine Lust hat, um 5 Uhr aufzustehen, um arbeiten zu gehen. Bei der

Schichtplanung hatte sie für morgen »Wunschfrei« angegeben, aber weil gerade sowieso so viele Leute krank sind nicht freibekommen. Tja, und dann macht man eben krank. So einfach geht das.

Ich denke, dass Anja nicht wirklich krank ist. Das habe ich schon allein am Tonfall gehört. Wer wirklich krank ist, bei dem besteht normalerweise keine Notwendigkeit, noch einmal schön in den Hörer zu husten oder ausführlich zu erklären, wie krank man genau ist (schon »Kopf- und Gliederschmerzen« hört sich ja eher nach Werbung für ein Medikament als nach einer ernsthaften Krankheitsbeschreibung an) und wie gern man doch eigentlich in die Arbeit gehen möchte. Zwar wird ja in der Lügenforschung behauptet, dass es umso wahrscheinlicher ist, dass jemand nicht lügt, je mehr er sich an kleine Details erinnert – aber wenn mir ein Kollege ausführlichst erzählt, wie häufig er sich erbrochen hat, welche Konsistenz sein Stuhlgang hat und mit den fast hervorgewürgten Worten endet: »Ich muss jetzt auflegen, mir wird schon wieder schlecht« – dann lügt er in der Regel. Denn wer richtig krank ist, der hat gar nicht die Kraft und Lust, sein Leiden am Telefon in großer Ausführlichkeit zu beschreiben.

Weitere wichtige Indizien dafür, dass ein Kollege nur krankmacht, sind folgende:

1. Er ruft an und teilt mit, er könne nicht kommen. Wegen Fieber. »Aber morgen bin ich wieder da.« Komische Krankheit. Ein Tag Fieber und danach wieder fit? Da tippe ich einfach mal auf einen Kater.
2. In solchen Fällen hat der Kollege oder die Kollegin dann auch schon am Vormittag vollmundig angekün-

digt: »Heute Abend geh ich mit den Mädels richtig steil – aber morgen bin ich ganz sicher da.« Äh, ganz sicher nicht.
3. Menschen, die nie krank wirken, sind in der Regel auch nie richtig krank. Es gibt Kollegen, die schon drei Tage richtig mies aussehen, sich zur Arbeit schleppen und am vierten Tag krank sind. Denen nehme ich es ab, dass sie verzweifelt gegen eine aufziehende Erkältung angekämpft haben und dann doch letztendlich von ihr niedergestreckt wurden. Komischerweise sehen aber die Blaumacher an den Tagen vor oder nach ihrer Krankheit immer top aus – kein Anzeichen von Blässe, Schwäche oder Übelkeit. Aber an dem Tag selbst – »Da bin ich einfach nicht aus dem Bett gekommen.«

Idealerweise meldet sich der Blaumacher dann nicht einmal rechtzeitig krank, sondern ruft erst Stunden, nachdem er seinen Dienst hätte antreten müssen, an und lügt dann etwas vor von wegen: »Ich war so schwach, dass ich nicht einmal telefonieren konnte!«. Mir kommen gleich die Tränen.

Oder – auch so ein Klassiker – du lässt deine Mutter anrufen. Selbst wenn du schon achtundzwanzig bist – aber die Mama hat schließlich schon in der Schule für dich gelogen. Das kann sie viel besser und ist noch mal viel glaubwürdiger.

Aber auch, wenn man tatsächlich krank ist: Man muss ja nicht wegen jeder Kleinigkeit zu Hause bleiben. Vor noch gar nicht langer Zeit hatte sich zum Beispiel eine unserer Fachkräfte über einen Zeitraum von vier Wochen hinweg immer wieder wegen Zahnschmerzen krankschreiben lassen. Natürlich sind Zahnschmerzen eine fiese Sache, aber bitte: über vier Woche hinweg, immer wieder? Soll das ein Witz sein? Oder die Mütter, die daheimbleiben, weil sie sich um ihren kranken Sohn kümmern müssen. Im speziellen Fall ist der Sohnemann fünfzehn – und die brave Mama hält ihm den ganzen Tag das klamme Händchen. Klaus sagt da nichts, die beiden sind nämlich privat ziemlich eng – und die Kollegen haben das Nachsehen.

Kollegen, die es dann wirklich nötig hätten, einmal zu Hause zu bleiben, schleppen sich stattdessen noch halb tot in die Arbeit. So auch unsere Franzi, die wegen ihres Hüftschadens schon lange mal in den Kernspin müsste – sich aber stattdessen über den Tag verteilt vier IBU 800 einwirft, um die Schmerzen aushalten zu können. Oder eine andere Hilfskraft, die, seitdem ich in der Frankenruh bin, nie krank war und eines Morgens heulend am Telefon hing, weil sie nicht in die Arbeit kommen konnte und sie das schlechte Gewissen geplagt hat.

Mir ist schon klar, dass diese Einstellung irgendwie auch etwas krank ist, aber ich bin ja selbst eine Anhängerin des Mantras: »Ein bisschen geht schon noch.« Wer sich eine Stunde beim Arzt ins Wartezimmer setzen kann, um sich wegen Magen-Darm krankschreiben zu lassen, und sich dabei nicht in die Hose gemacht hat, der hätte ruhig auch in die Arbeit kommen können. Schön mit Mundschutz natürlich, damit er niemanden ansteckt, aber da muss man eben – nicht nur bildlich gesprochen – den Hintern ein bisschen zusammenkneifen. Wobei das Ganze natürlich seine Grenzen hat. Mit Fieber gehe selbst ich nicht in die Arbeit – das geht sonst sofort aufs Herz. Einmal habe ich's versucht, aber da musste ich dann doch mitten in der Schicht abbrechen. Der Arzt hat mich gleich ins Krankenhaus überwiesen – wegen Verdacht auf Hirnhautentzündung.

Sie sagen, das ist ein selbstverletzendes Verhalten? Natürlich ist es das! Und es wäre nicht nötig, wenn andere im Team sich nicht wegen jedem Kinkerlitzchen krankmelden würden. Und Klaus unternimmt nichts. Natürlich kann man niemanden zum Arbeiten zwingen, wenn er immer Atteste vorlegt – aber wenn ein Mitarbeiter immer nur freitags und montags fehlt, dann ist das für mich ein Fall für den Amtsarzt. Doch Klaus will mit niemandem Ärger haben – nur wenn der MDK sich wegen einer Kleinigkeit meldet, dann gibt's eine auf den Deckel, aber ordentlich. Egal, wie sehr man sich sonst den Hintern aufgerissen hat.

Es muss also ein Ersatz für Anja her. Wenn es nur um einen Tag geht, kümmert sich die diensthabende Fachkraft, die Schichtleitung, darum – also in diesem Fall ich. Wenn eine Person länger krankgeschrieben wird, geht das Ganze an die Pflegedienstleitung, die sich dann um die Umstellung des Dienstplans kümmert. Da Anja sagt, dass sie übermorgen wieder arbeiten kann, suche also ich nach einem Ersatz für sie.

Ich werfe einen Blick auf den Dienstplan. Während dieser am Anfang des Monats, wenn Klaus ihn erstellt, noch tipptopp aussieht – alles sauber, ordentlich, übersichtlich –, gleicht er am Ende des Monats eher einem komplizierten

Strickmuster. Dauernd ist jemand krank oder fällt aus irgendwelchen anderen Gründen aus, sodass getauscht und geschoben werden muss, Dienste geteilt werden müssen. Eigentlich wäre es mir am liebsten, ich würde von vornherein einfach drei oder vier Tage mehr im Monat arbeiten, als mit Kollegen zusammenarbeiten zu müssen, die immer »ganz überraschend« krank werden, sodass ich dann plötzlich für sie einspringen muss. Dann könnte ich mich wenigstens darauf einstellen.

Ich erkenne schnell: Mit Ersatz sieht es schlecht aus. Gertrud ist über Weihnachten weggeflogen, Olga hat schon vierzehn Tage durchgearbeitet, sodass sie endlich mal wieder einen freien Tag braucht. In manchen Häusern springt in solchen Fällen auch mal die PDL ein, die ja ursprünglich auch eine Fachkraft ist, aber Klaus lässt sich dazu natürlich nicht herab. Seine Aufgaben sind ja so viel wichtiger, als dass er seinem Team einmal unter die Arme greifen würde. Da kann uns auch der Himmel auf den Kopf fallen. Bleibt nur noch Sonja – doch sie geht nicht ans Telefon. Ich hatte es mir ja schon gedacht: Dann muss ich eben morgen früh ran. Wie sieht das denn arbeitsrechtlich aus?, fragen Sie? Keine Sorge, das geht schon.

Es ist kurz vor halb zehn, als ich die Frankenruh endlich verlasse. Bis nach Hause brauche ich etwa eine halbe Stunde. Ich schiebe mir eine Fertigpizza in den Ofen und nehme eine heiße Dusche. Ich weiß nicht, wie es Ihnen geht, aber eine Weile brauche ich schon, bis ich nach einem anstrengenden Arbeitstag runterkomme. Also setze ich mich ein bisschen zu meinem Schatz, und wir unterhalten uns noch eine Weile über den Tag. Sie wundern sich, dass ich einen Freund habe? Weil er in dieser Geschichte kaum vorgekommen ist? Da sehen Sie mal, wie wenig Freizeit ich habe – nicht einmal schreiben kann ich über ihn.

Es ist fast zwölf, als ich endlich müde genug bin, um ins Bett zu gehen. Ich stelle den Wecker auf 5 Uhr. Das wird eine kurze Nacht. Ich bin zwar ein schrecklicher Morgenmuffel, komme früh aber eigentlich ziemlich gut aus den Federn. Weil ich abends schon geduscht habe, putze ich mir morgens nur die Zähne und mache mir die Haare. Ein Kaffee reicht mir. Zeitung lese ich erst, wenn ich wieder aus der Arbeit komme. Ich frage mich schon, wann so manch anderer Kollege aufsteht, wenn er im Frühdienst um halb sieben auf der Matte stehen muss. Die Alleinerziehenden, die vielleicht noch Pausenbrote für die Kinder vorbereiten und eine Maschine Wäsche waschen müssen? Diejenigen, die vielleicht doch Wert auf ein ausgewogenes Frühstück legen? Im Vergleich zu ihnen bekomme ich ja noch richtig viel Schlaf ab. Aber Gute Nacht jetzt! Es ist schon spät.

Als mich der Wecker aus nicht sonderlich erquicklichen Träumen reißt, kann ich es nicht fassen, dass schon fünf Stunden vergangen sein sollen. Es fühlt sich an, als hätte ich mich gerade erst hingelegt. Außerdem habe ich mir gestern beim Heben den Rücken verrenkt – die Schmerzen sind eher noch schlimmer geworden. Aber schnell raus aus dem Bett und heute Kaffee extrastark. Denn auf der Arbeit muss ich fit sein. Mir graut davor, dass ich einmal, nur weil ich zu müde bin, Symptome falsch interpretiere und deshalb zu spät handle, sodass mir jemand wegstirbt. Dass mir die Beine beim Heben wegknicken und ich deshalb jemanden fallen lasse. Dass mir beim Stellen der Medikamente irgendetwas durchrutscht und ich einem meiner Alten eine Überdosis Insulin verpasse. Es ist nun mal so, dass in unserem Beruf die Konsequenzen einfach ein bisschen krasser sind, wenn du nicht voll da bist. Meine Schwester zum Beispiel zieht einfach die Bürotür hinter sich zu und verschiebt die wichtigen Abschlüsse auf den nächsten Tag, wenn sie sich mal übermüdet ins Büro geschleppt hat. Auf die Tagesverfassung von uns Altenpflegern nehmen die Herzinfarkte und Schlaganfälle leider nicht so viel Rücksicht ...

Wobei es schon auch ein paar witzige »Fehler« gibt, zum Beispiel wenn Dokumentationen vertauscht werden.

»Sag mal: Frieda hat ihren Katheter gezogen, und er musste neu gelegt werden? Mal abgesehen davon, dass sie das gar nicht könnte: Sie hat doch gar keinen?«

»Äh ...«

»Beim Legen hat sie sich dann massiv gewehrt und außerdem die PK mehrmals am Busen berührt?«

»Fuck – das war doch der Martin! Die Frieda! O mein Gott!«

Über Nacht ist noch ein Pflegehelfer krank geworden, allerdings erst früh um drei, sodass kein Ersatz mehr gesucht werden konnte. Die Kollegen vom Nachtdienst haben zwar noch zwei Bewohner mitversorgt, müssen jetzt aber auch nach Hause. Also fahren wir mal wieder unterbesetzt. Dabei fällt es mir normalerweise relativ leicht, auch mal für zwei zu arbeiten, auf Dauer geht das aber ganz schön an die Substanz. Und heute – nach nur fünf Stunden Schlaf – bin ich nicht wirklich auf der Höhe:

»Hanna, ich bin hundsmüd, lass uns heute nicht streiten. Ich kann heute leider nur Katzenwäsche machen.«

Wenn nicht genügend Pflegekräfte da sind, bleibt eben nur Zeit für das Notwendigste. Fingernägel schneiden, großes Bad – das verschieben wir auf einen anderen Tag.

Obwohl Hanna in den letzten Wochen und gerade seit unserem Gespräch vor ein paar Tagen immer zugänglicher geworden ist, fürchte ich noch immer ihre scharfen Worte. Ihr »Das könnt ihr machen – werdet ja dafür bezahlt!« klingt mir noch in den Ohren. Doch ich habe mich getäuscht:

»Das ist kein Problem. Aber willst du dich nicht einen Augenblick zu mir setzen? Du siehst aus, als würdest du gleich umfallen.«

Und Hanna hat recht. Nachdem ich schon acht Bewohner im Eiltempo versorgt habe, fühle ich mich ganz schön wackelig auf den Beinen. Ich merke richtig, wie mir die Müdigkeit den Nacken hinaufkrabbelt und mich schaudern lässt.

»Aber nur einen ganz kurzen Moment.«

Ich setze mich zu Hanna aufs Bett. Dankbar nehme ich einen Bonbon, den sie mir hinhält. Malz. Lecker.

Ich widerstehe der Versuchung, meinen Kopf auf das kühle Kissen zu legen. Nicht mal eine Sekunde. Olga hat mir erzählt, dass sie eine Kollegin einmal nach einer Partynacht bei einer Bewohnerin im Bett gefunden hat. Das darf doch nicht wahr sein: abends saufen und dann in der

Schicht einpennen. Das sind mir sowieso die liebsten Kollegen, die dann grummelig und missmutig ihre Laune an den Alten auslassen oder – noch schlimmer – ihre Pflichten krass vernachlässigen, die Leute nicht auf die Toilette bringen, sie den ganzen Tag auf demselben Platz sitzen lassen. Das ist einfach nur unmenschlich!

Einmal haben die Helfer fast zehn Minuten nach der Fachkraft gesucht, ohne die sie ja nichts entscheiden dürfen und die auch für die Abgabe von Medikamenten verantwortlich ist: Die war im Pausenraum am Tisch eingepennt. Da stell sich mal einer vor, es gibt einen Notfall – und jemand stirbt, weil einer seinen Suff auf der Arbeit ausschlafen muss.

Wobei man das natürlich alles wieder nicht so pauschal sagen darf. Olga ist auch schon mal im Schwesternzimmer eingenickt – da hatte sie allerdings vorher sechzehn Stunden durchgearbeitet, weil nach dem Spätdienst die Nachtwache einfach nicht aufgetaucht ist und sie bis in die frühen Morgenstunden geschuftet hatte. Bei meinem ersten Wechsel von Spät- auf Frühdienst bin ich auch im Stationszimmer eingenickt. Beim Dokusschreiben. Der Kollege, der in dem Moment direkt neben mir saß, hat mich nur angestupst:

»Jetzt gehst aber kurz an die Luft, Steffi. Damit du wieder fit wirst.«

Die Toleranz der Kollegen hängt eben auch zum großen Teil davon ab, wie man sich sonst verhält.

Wenn sich jemand den Arsch aufreißt und dann – eben weil er völlig überarbeitet ist – auch mal einen Fehler macht, dann bügle ich das natürlich für ihn aus. Ich komme auch gern mal eine halbe Stunde früher, weil jemand eher wegmuss, wenn derjenige im Gegenzug bereit ist, auch mal etwas länger zu bleiben, wenn Not am Mann ist. Wenn aber jemand immer nur nach Stechuhr arbeitet und mir noch beim Gehen sagt, was ich noch zu erledigen habe, weil er nicht mehr dazu gekommen sei, dann platzt mir einfach der Kragen. Und dann suche ich auch die offene Konfrontation.

Aber genug den Gedanken nachgehangen, es warten ja noch vier Bewohner auf mich.

»Hanna, ich muss weiter. Danke für den Bonbon.«

»Gern geschehen.«

In diesem Moment geht die Tür auf, und Sopherl tritt ins Zimmer. Sie grüßt uns schüchtern, tritt an Hannas Kleiderschrank, nimmt sich ein Nachthemd heraus, zieht es über ihre Kleidung und legt sich in das noch freie Bett neben Hanna.

»Gute Nacht, schlaft gut!«

Hanna und ich sehen uns stumm an. Ich warte auf einen von Hannas berüchtigten Ausrastern. So ganz unrecht hätte sie nicht, denke ich schmunzelnd, während ich die sanft schlummernde Sophie betrachte, die sich in das viel zu große Nachthemd gewickelt hat.

»Die brauchst du nicht mitnehmen. Lass sie hier schlafen. In einer halben Stunde ist sie sowieso wieder wach und geht zurück in ihr Zimmer.«

Ich bin überrascht. Hat sich da bei Hanna wirklich etwas verändert? Ich sehe, dass Hanna zögert. Irgendetwas brennt ihr noch auf der Seele. So eilig ich es habe: Ich weiß, dass ich in diesem Moment einfach zuhören muss. So viel Zeit muss sein.

»Du hattest recht, Steffi. Mit der Sophie ist es wirklich sehr nett. Na ja, wollt ich dir nur sagen.«

Ich lächle Hanna an. Wer hätte das gedacht. Wenigstens etwas, das mir ein bisschen Kraft gibt.

FRÖHLICHE WEIHNACHT ÜBERALL

Wieder einmal ist die Adventszeit wie im Flug vergangen. Am Heiligabend hatte ich frei und habe mit einer guten Brotzeit mit gekochten Eiern, Lachs und Mettwurst bei Kerzenschein und mit zahlreichen Geschenken ein wunderschönes Weihnachtsfest mit meiner Familie verbracht. Da fällt es mir nicht schwer, am nächsten Tag in die Arbeit zu fahren. Vor allem weil heute die Party des Jahres ansteht: Weihnachtsfeier im Heim. Noch besser als das Sommerfest, weil genau die richtige Mischung aus Unterhaltung, großartigem Essen und Besinnlichkeit. Das sage ich ganz ohne Ironie.

Die Damen aus der Hauswirtschaft, die sich neben den sonstigen Belangen des Hauses an Weihnachten auch um die Dekoration kümmern, haben sich wieder einmal selbst übertroffen. Die Tische im Speisesaal wurden so zusammengerückt, dass zwei lange Tafeln entstanden sind. Auf bestickten Tischdecken stehen Schalen voll Spekulatius, Lebkuchen und selbst gebackenem Gewürzkuchen. Und zwar der, den ich besonders mag: mit Zuckerguss und bunten Streuseln.

Von daheim haben die Hauswirtschafterinnen ganze Wälder von Weihnachtssternen mitgebracht, deren grün-rote Blätter weihnachtlich das Flackern der Teelichter (sicher in kleinen Miniaturlaternen vor den Fingern der Alten versteckt) zurückwerfen. Um 15 Uhr geht es los mit einem etwas verspäteten Nachmittagskaffee, sodass die Feierlichkeiten dann direkt in ein üppiges Abendessen übergehen können.

Es ist 14:59 Uhr, als ich Frieda in ihrem Rollstuhl an die lange Tafel fahre. Wir hatten noch lange überlegt, ob sie bei dieser Weihnachtsfeier überhaupt dabei sein soll, weil das ja vielleicht doch etwas anstrengend für sie ist. Allerdings hat sie immer noch viel Freude an Gesang und Gedichten und sitzt deshalb jetzt mit am Tisch. Für alle, die solche Dinge nicht mehr wirklich wahrnehmen können, gibt es nämlich noch eine andere Feier – das »Weihnachtsfest der Sinne«, das aber, weil wir dafür auch alle Kapazitäten brauchen, bei uns erst morgen stattfinden wird. Dann nämlich werden alle Schwerstpflegebedürftigen in ihren Mobistühlen – das ist so eine Art superbequemer Rollstuhl mit Arm- und Kopfstützen, die auch stufenlos verstellt werden können – im Gemeinschaftsraum zusammengebracht und ihre Sinne »weihnachtlich angeregt«. Hören, sehen, schmecken, riechen, fühlen – bei gedämpfter weihnachtlicher Beleuchtung bringen wir die Bewohner in den Stühlen in Liegeposition. Eine Weihnachtsgeschichte wird vorgelesen oder weihnachtliche Klaviermusik gespielt. Duftkerzen erfüllen den Raum mit Zimt- oder Vanillegeruch, während wir Gesichter und Hände der Alten mit weihnachtlich duftenden Ölen oder Cremes einreiben und ihre Lippen mit Punsch oder Glühwein benetzen.

Durch die Weihnachtsfeier der Sinne kommen auch die Alten, die eigentlich gar nicht mehr viel von ihrer Umwelt wahrnehmen, in den Genuss eines ganz besonderen weihnachtlichen Erlebnisses.

Sie können jetzt natürlich einwenden, dass wir ja gar nicht wissen, ob die Leute überhaupt Lust darauf haben, so angefasst und behandelt zu werden. Da haben Sie sicherlich nicht unrecht. Aber der tiefenentspannte Gesichtsausdruck, das zufriedene Atmen der alten Menschen drückt klarer aus, als Worte es könnten, wie gut ihnen dieses Weihnachtsfest der Sinne gefällt.

Während unserer beiden Weihnachtsfeiern wird auch sehr deutlich, wie wichtig es ist, sich auf die individuellen Bedürfnisse der Bewohner einzustellen. Natürlich fordern die, die noch draußen sind: In einem guten Altenheim braucht es vor allem Weißwurstfrühstück und Tanzcafés. Aber solche Leute vergessen dabei, dass die meisten Bewohner einer solchen Einrichtung gar nicht mehr fähig sind, eine flotte Sohle aufs Parkett zu legen, sondern dass ihre Bedürfnisse ganz andere sind als die, die man sich so mit fünfzig oder sechzig vorstellt, wenn man felsenfest davon überzeugt ist, dass man auch mit achtzig noch genauso rüstig sein wird wie bisher.

Aber heute gibt es erst mal die »normale« Weihnachtsfeier. Alle auf ihre Plätze! Lichter aus, Auftritt der Azubis. Auch heute wird – wie schon bei den Adventsfeiern – ein Gedicht vorgetragen; es ist wieder »Von drauß' vom Walde komm ich her«. Dadurch, dass die Azubis heute gemeinsam vorne stehen, versteht man den Vortrag diesmal auch in den hinteren Reihen, und deshalb hören die Alten auch besser zu. Zum ersten Mal bekomme ich den Schluss des Gedichts mit.

Auftritt der Schwestern. Alma hat »Feliz Navidad« mit viel Engagement, aber eher geringem musikalischen Gespür für uns umgedichtet:

»Feliz Navidad, Feliz Navidad,
wir wünschen euch ein frohes Weihnachtsfest
und Glück fürs nächste Jahr.«

Aber weil Weihnachten ist, sind alle nachsichtig gestimmt, und nach drei Minuten ist es ja auch vorbei. Ich nehme gerade Kunner, dessen Nase schon Rudolf-Rentiermäßig glüht, seine Tasse weg, um ihm statt reinem Glühwein einen halb-halb einzuschenken. Zeit zum Mosern bleibt ihm nicht viel, denn es steht der Höhepunkt der diesjährigen Weihnachtsfeier an: das Krippenspiel der Ministranten.

Normalerweise liest Alma die Weihnachtsgeschichte nur vor, aber weil ihre Tochter seit diesem Jahr bei den Ministranten dabei ist, hat Alma die Kinder überreden können, die Generalprobe für ihr Krippenspiel zu uns ins Altenheim zu verlegen. Am zweiten Weihnachtsfeiertag gibt es das Ganze dann noch mal in der Kirche als Einlage im Weihnachtskonzert der örtlichen Blaskapelle zu sehen – wir erleben hier also die exklusive Vorabvorstellung. Genial vor allem deshalb, weil die Ministranten nicht irgendein 08/15-Krippenspiel aufführen, sondern *Hilfe, die Herdmanns kommen*. Obwohl ich das Stück sicherlich schon dreimal gesehen habe, packt es mich wieder, als der Erzähler beginnt:

»Die Herdmann-Kinder waren die schlimmsten Kinder aller Zeiten. Sie logen und klauten, rauchten Zigarren (sogar die Mädchen) und erzählten schmutzige Witze.«

Gebannt verfolgt der gesamte Speisesaal das Geschehen. So aufmerksam habe ich unsere Alten schon lang nicht mehr gesehen. Ich bin nicht die Einzige, die sich am Ende des Stücks verstohlen eine Träne aus dem Augenwinkel wischt. Gerade an Kindern haben unsere alten Leute die meiste Freude. Einige der Ministranten winken verstohlen dem Opa oder der Urgroßmutter im Publikum zu, während sie sich verbeugen. Für die kinder- und enkellosen Alten ist das dann immer besonders traurig.

Nun greift Alma zur Quetsche, und gemeinsam stimmen wir aus vollem Herzen »O du fröhliche« an.

Neben den Kindern, die aufgrund von mütterlichem Druck so halb freiwillig bei uns aufgetreten sind, gibt es nicht nur in der Weihnachtszeit sehr viele Ehrenamtliche, die uns bei unserer Arbeit unterstützen. Sie haben bei den Adventsfeiern geholfen, sind mit dabei, wenn es auf den Weihnachtsmarkt geht, oder helfen uns auch bei den Kirchgängen an den Weihnachtsfeiertagen – denn natürlich haben wir nicht genug Pflegekräfte, um alle unsere Alten in die Kirche bringen zu können. Dabei meine ich mit »Ehrenamtlichen« nicht irgendwelche Angehörigen, die sowieso Vater oder Tante besuchen und sich dann nebenbei auch noch um die anderen Alten kümmern. Diese Ehrenamtlichen sind Menschen aus der Umgebung, die zu uns ins Heim kommen, weil sie anderen Menschen helfen wollen oder weil ihnen daheim einfach langweilig ist. Und dafür braucht man gar keinen eigenen Verwandten im Heim, wobei es schon auch vorkommt, dass die Ehrenamtlichen einen Verwandten im Heim hatten und sich weiter um die anderen Bewohner kümmern, nachdem dieser verstorben ist. Ich glaube zum Beispiel, Bertas Nichte Moni könnte einmal so eine Ehrenamtliche werden.

Sie kennen niemanden im Heim, haben aber trotzdem Zeit und Lust zu helfen? Dann schauen Sie doch einfach mal bei einem Altenheim in Ihrer Gegend vorbei! Und keine Sorge: Sie werden schon genügend Leute kennenlernen. Das geht ganz schnell.

Wenn doch mal nicht genügend Helfer da sind, um alle Alten in die Kirche zu bringen – die Zeiten, in denen der Pfarrer mehrmals im Jahr extra zum Gottesdienst ins Heim kam, sind mit dem heutigen Priestermangel leider vorbei –, inszenieren wir das Ganze stattdessen als Public Viewing im Speisesaal. Natürlich haben alle einen Fernseher in ihren Zimmern, aber das Schöne am Gottesdienst ist ja auch irgendwie das Gemeinschaftserlebnis.

Doch das gilt natürlich nicht nur für die Messe, sondern auch für alle anderen Aktivitäten. Neulich haben wir uns zum Beispiel alle zusammengesetzt und *Sissi* angeschaut. Das war ein Seufzen und Schmachten – und gemeinsam macht das Ganze gleich noch viel mehr Spaß als allein im stillen Kämmerlein.

Wobei unsere Alten gerne auch mal wählerisch sind. Während ich zum Beispiel total auf Heinz Erhardt stehe, haben die Ladys dann doch andere Präferenzen:

»Och ne. Den Dicken will ich mir nicht anschauen. Habt ihr nicht etwas Leckeres? Den Peter Alexander? *Im weißen Rößl* haben wir ja schon seit Ewigkeiten nicht mehr gesehen!«

Also gab's beim nächsten Mal wieder den Peter Alexander und seliges Seufzen in den Reihen meiner Damen. Sie können sich vorstellen, was da für Tränen geflossen sind, als er vor ein paar Jahren gestorben ist. Da wurde mehr geweint als um den eigenen Zimmernachbarn. Nun ja – es sind ja auch die Jugendträume, die mit so einem sterben.

Wer also will, kann sich im Heim eigentlich ziemlich gut amüsieren. Deshalb regen mich utopische Forderungen, wie sie heute immer wieder in Talkshows und »Enthüllungsreportagen« geäußert werden, so auf. Verstehen Sie mich bitte nicht falsch: Ich sehe ja auch, dass einige Dinge bei uns durchaus verbessert werden könnten, aber manche Erwartungen sind einfach zu hoch gegriffen. Wir sind kein Robinson-Club. Und wenn Sie keine Lust auf Singen haben, dann kann ich Ihnen leider keinen Gitarrenkurs für Einsteiger anbieten. Wenn man sich aber solche Kritiker anhört, dann hat man den Eindruck, die bilden sich ein, sie hätten sich mit dem Altenheimplatz auch das Recht erworben, rund um die Uhr individuell beschäftigt zu werden. Aber wir sind leider Pflegekräfte, keine Rundumbespaßungstruppe – und auch unsere Betreuungskräfte können nicht jedes menschliche Bedürfnis unmittelbar befriedigen. Wer sich exklusiv einen Menschen mieten will, der sich zu ihm hinsetzt und drei Stunden mit ihm redet, der muss statt 3500 Euro eben 7000 Euro im Monat zahlen. Wir ersetzen keine Enkel, keine Freunde, nicht die Fähigkeit, sich auch einmal mit sich selbst beschäftigen zu können. Wenn Sie das nicht selber hinkriegen, fangen Sie am besten schon mal an zu sparen.

Dass man bei uns im Heim sehr glücklich sein kann, wenn man sich für andere Menschen öffnet, zeigt der Blick in die freudigen Gesichter, als es an die Bescherung geht. Ich würde nicht so weit gehen und von »strahlenden Augen im weihnachtlichen Lichterglanz« sprechen, aber unsere Bewohner sehen heute schon besonders glücklich aus. Hanna und Sopherl sitzen, wie so oft in den letzten Tagen, eng nebeneinander und tuscheln. Seit einigen Tagen teilen sie sich sogar ein Zimmer. Hanna hatte das selbst angeregt:

»Bevor mir irgendjemand anders mit ins Zimmer kommt, hab ich lieber die Sophie da. Auch wenn sie manchmal nervt. So jemanden wie die Klara will ich nicht im Zimmer haben. Die ist ja schon halb tot.«

»Hanna, sag doch nicht so was!«

»Stimmt doch! Was willst du denn mit der anfangen?«

Ihre Geschenke liegen ausgepackt vor ihnen: Bettsocken und eine duftende Bodylotion für die »reife« Haut. Bei den Herren ganz markant etwas Moschusartiges, bei den Damen Jasmin und Flieder. Die gab es übrigens auch für die Pflegekräfte – für die nicht ganz so reife Haut.

Jetzt aber alles schnell weggeräumt, denn nach dem kulturellen folgt nun der kulinarische Höhepunkt des Abends. Ein Vier-Gänge-Menü wird serviert, wie man es wohl auch in den besten Restaurants nicht so ohne Weiteres vorgesetzt bekommt. Es geht los mit Spargel-Schinken-Röllchen, gefüllt mit einer Meerrettichcreme, danach eine

Rindfleischsuppe mit Grieß- und Leberklößchen. Den Fond hat die Köchin selbst hergestellt. Von wegen Suppenwürfel und Maggi! Als Hauptspeise gibt es dieses Jahr Rehrücken mit Blaukraut und Semmelknödeln. Wunderschön angerichtet mit Birnenstücken und Preiselbeeren. Und das ist nicht irgendein Rehrücken, sondern regionale Ware, direkt vom Jäger, frisch geschossen. Wahrscheinlich ist mir das Reh vorgestern noch fast vors Auto gerannt. Da soll sich mal einer über die Qualität des Essens im Altenheim beschweren. Man kann uns sicher vieles vorwerfen, aber nicht, dass beim Essen gespart würde.

Weil heute so viele Helfer und Angehörige da sind, die beim Eingeben helfen, können auch wir Pflegekräfte mitessen. Außerdem wurde extra eine so große Menge gekocht, dass auch für den Nachtdienst noch Portionen übrig sind. Da wird sich Olga später freuen. Aber für die Nachspeise habe ich mir noch ein Eckchen frei gehalten. Der Höhepunkt – nicht nur für mich, sondern auch für unsere Alten: ihre Leib- und Magenspeise in Eisform: Stolleneis. Cremiges Vanilleeis mit Rosinen, Orangeat, Zimt und noch viel mehr auf einem Spiegel aus Orangen-Zimt-Sirup. Nach drei Löffeln ist bei mir Schluss. Ich lehne mich wohlig seufzend zurück und lasse meinen Blick über die nun ganz stille Gesellschaft schweifen. Alle mit satten, zufriedenen Gesichtern – so auch das Gesicht unserer Pflegedienstleitung, die mir schräg gegenüber an der anderen Tafel sitzt.

Halten Sie mich bitte nicht für einen engstirnigen Menschen, aber während mich die gut gelaunten Gesichter der Kollegen und Alten freudig stimmen, sinkt meine Laune bei dem Anblick von Klaus rapide. Erst gestern habe ich ihn wieder darauf aufmerksam gemacht, dass manche Kollegen einfach nicht genug Wert auf Sauberkeit legen, die anderen Kollegen buckeln lassen oder krankmachen. Doch meine Appelle verhallten mal wieder mehr oder weniger unerhört.

»Manche Kolleginnen können das eben nicht so gut wie du, Steffi.« Ein als Lob verpacktes »Sei still und misch dich nicht in Sachen ein, die dich nichts angehen«. Nun sitzt Klaus da, und ihm tropft die Zufriedenheit förmlich aus allen Poren. Sein Harmoniebedürfnis wird an diesem Abend vollständig bedient. Als ich ihn mit Anja reden sehe, wird mir klar, dass durch Abende wie diesen meine Idealvorstellungen von einem guten Team noch weiter in die Ferne rücken. Denn alles ist Friede, Freude, Eierkuchen und eitel Sonnenschein – und macht so jede Form von Veränderung scheinbar überflüssig. Dass Anja die Kollegin ist, bei der die Alten nie wirklich richtig sauber sind, und dass sie darüber hinaus allein im Dezember schon fünfmal krank war – immer ganz plötzlich und überraschend und nicht etwa fünf Tage in einem Rutsch, sondern immer nur einen Tag –, das ist jetzt völlig vergessen. Ich vermute, dass Klaus sie nicht einmal darauf angesprochen hat. Aber wer bei ihm schöntut, der hat sowieso nichts zu befürchten. Freundschaft und Vertraulichkeiten sind unserer PDL meiner Meinung nach wichtiger als Autorität und ein reibungslos funktionierendes Team. Na ja, wahrscheinlich ist das seine Vorstellung von einem guten Team. Aber wie will ich jemandem, mit dem ich am Vortag noch im Detail mein Privatleben diskutiert habe, sagen, dass er seine Arbeit schlecht macht und dass er gefälligst nicht jedes Mal krankmachen soll, wenn er morgens nicht gleich mit einem Satz aus dem Bett kommt? Du kannst als Vorgesetzter nicht jedermanns Freund sein. Das kann einfach nicht funktionieren.

Mein Blick fällt auf die Bodylotion, die ich bekommen habe. Während ich mich vorhin noch darüber gefreut habe, kann ich daran plötzlich nichts Gutes mehr finden. Eine Bodylotion! Mehr nicht. Dazu ein schleimiges Kärtchen, ein besinnlicher Spruch. Weihnachtsgeld? Urlaubsgeld? So etwas bekommen wir natürlich nicht. Und plötzlich stört es mich schon, dass ich am ersten Weihnachtsfeiertag in der Arbeit sitze, während meine Familie zu Hause um dem Baum singt, und dafür kaum mehr bekomme als einen feuchten Händedruck. Natürlich ist Geld nicht alles, aber wenn ich sehe, wer so alles neben einem Gehalt, das sowieso schon viel höher ist als meines, auch noch ein 13. Monatsgehalt bekommt, dann wurmt mich das schon.

Hannas aufmunterndes Lächeln, die meine Missstimmung offensichtlich bemerkt hat, hebt meine Laune wieder ein bisschen. Ich bin mir ziemlich sicher, dass ich sie in den ersten paar Wochen ihres Aufenthalts kaum habe lächeln sehen. Die Alten sind der einzige Grund, weshalb ich noch nicht hingeschmissen habe. Dennoch muss die Bezahlung sich ändern, denn vom warmen Gefühl in der Bauchgegend bezahlt sich meine Miete nicht. Und doch geht mir immer wieder das Herz auf, wenn die Bewohner mir ihren Schokonikolaus zustecken, den sie selbst von ihren Enkeln bekommen haben:

»Da, mei Mad, für dich. Weilst immer so geduldig mit mir bist.«

Oder die Flasche Kölnisch Wasser, mit denen sie in doppelt und dreifacher Ausführung von der Verwandtschaft bedacht werden. Ich könnte mir inzwischen wahrscheinlich einen Monat lang die Haare mit Kölnisch Wasser waschen.

Gerade in der ambulanten Pflege bekam man auch immer wieder mal Geld zugesteckt. Bei Dementen dürfen wir das gar nicht annehmen. Also eigentlich dürfen wir von niemanden etwas annehmen. Aber wenn ein Bewohner noch fit und Herr seiner Sinne ist, dann kann er schon selbst entscheiden, ob er mir etwas schenken will. Da wird dann mal ein Auge zugedrückt. Wobei wir uns natürlich jedes Mal mit Händen und Füßen wehren. Aber so schnell kannst du dich gar nicht umdrehen, da hat dir schon jemand fünf Euro in die Jackentasche geschummelt. Und wenn das häufiger vorkommt, dann sagt man lieber mal der Chefin Bescheid. Man muss schon vorsichtig sein mit den Zuwendungen der Alten, denn da steht schnell mal der Vorwurf der Erb(und Geschenk)schleicherei im Raum. Eine alte Dame wollte zum Beispiel einmal Olga, ihrem speziellen Liebling, ein wertvolles Schmuckstück schenken. Olga hat völlig richtig gehandelt und das Geschenk erst in Gegenwart der Angehörigen angenommen. Ihr war es wichtig, dass sie nicht denken, sie hätte sich das Medaillon irgendwie erschnorrt oder erpresst – solche Sachen kommen eben doch leider manchmal vor. Ich habe zum Beispiel mal von einer Altenpflegerin gehört, die doch tatsächlich in der mobilen Pflege einen alten Herrn umschwänzelt und gefragt hat, ob er ihr nicht sein Grundstück vermachen will. Das war allerdings auch das letzte Mal, dass sie bei ihm zum Pflegen war.

Wobei es natürlich auch nicht schön ist, bei misstrauischen Angehörigen unter Generalverdacht zu stehen. Besonders großartig sind dann immer die Fälle, wenn sie nach dem Tod eines Bewohners feststellen, dass angeblich eine wertvolle Uhr oder ein Schmuckstück »verschwunden« ist, das wir aber nie am Bewohner gesehen haben. Und Klaus würde ja einen Teufel tun und sich in so einem Fall auf die Seite seiner Leute stellen. Von wegen. Stattdessen führt er sich schlimmer auf als die spanische Inquisition. Wenn er nur mal in anderen Situationen ebenso durchgreifend wäre.

Aber genug philosophiert und gejammert, denn es ist Zeit, die Alten ins Bett zu bringen, sonst schlafen uns die Herrschaften noch am Tisch ein.

Heute geht aber alles ein bisschen schneller. Weil Feiertag ist, fallen viele der Standardtätigkeiten, wie zum Beispiel die Telefonate mit Ärzten, weg. Nur im absoluten Notfall wird der Bereitschaftsarzt angerufen. Die meisten Sachen können wir eigentlich ganz gut selber regeln. Wenn beispielsweise jemand an einem Tag wie heute nach einem reichhaltigen Menü mit Eis und Kuchen einen auffälligen Zuckerwert zeigt, aber körperlich voll da ist, dann wird er nach der Insulintabelle gespritzt, in der steht, für welchen Blutwert welche Menge Insulin verabreicht werden muss. Da braucht es keinen Anruf beim Arzt, sondern wir behalten das einfach in den folgenden Tagen im Blick.

Außerdem unterstützen uns die Angehörigen an einem solchen Tag nach Kräften. Einige sind schon so geübt, dass sie ihren Großvater oder ihre Mutter komplett selbstständig ins Bett bringen können. An solchen Tagen frage ich dann nicht nach, ob sie den Alten auch perfekt und vorschriftsmäßig die Zähne geputzt und das Gesicht gewaschen haben. Da lassen wir auch mal fünfe gerade sein. Die Anwesenheit eines nahen Verwandten ist dann viel wichtiger als die lehrbuchgemäße Versorgung.

Hanna ist die Letzte auf meinem Durchgang, und während die anderen überfressen und glücklich fast sofort in einen komaähnlichen Schlaf gefallen sind, ist sie heute ziemlich aufgedreht und in Plauderstimmung. Eigentlich hatte ich vor, im Schwesternzimmer beim Ausfüllen der Dokumentationen noch mit Olga zu quatschen, die ein bisschen früher zur Schicht kommen wollte, aber die Schreibarbeit kann warten: Ich rufe Olga zu Hanna und mir ins Zimmer. Sopherl schläft schon tief und fest, aber die weckt so schnell nichts auf, sodass wir uns in normaler Zimmerlautstärke unterhalten können. Wir fragen Hanna ein bisschen über ihre Vergangenheit aus.

»Das hört sich ja an, als hättest du in eine richtige Bonzenfamilie reingeheiratet«, kommentiere ich ihre Schilderung prächtiger Weihnachtsfeiern mit allem Drum und Dran. Bei denen es an nichts gefehlt hat – außer an aufrichtiger Zuneigung.

»Na, in deinem Alter, da war ich schon ein bisschen so was wie eine Prinzessin. Ich hatte sogar einen echten Nerz.«

»Einen Pelzmantel? Krass. Wie fühlt man sich denn darin?«

»Probier's doch selbst mal aus. Er hängt im Schrank. Mit der passenden Mütze.«

Da lasse ich mich nicht lange bitten. Olga fällt fast vor Lachen vom Stuhl, als ich, angetan mit Pelz und Russenmütze, im Zimmer auf und ab stolziere.

»Du siehst aus wie eine russische Zarentochter.«

Hanna nickt bestätigend.

»Fast so hübsch wie ich damals.«

»Dass du mich tatsächlich mal deinen Pelz anprobieren lässt! Weißt du noch, wie du am Anfang gesagt hast: ›Ihr könnt mich waschen, ihr werdet ja auch dafür bezahlt‹?«

»Ach, Stefanie, vielleicht können sich Menschen auch in meinem Alter noch ändern.«

Tja, ich wünschte, von denen gäbe es ein paar mehr. Auch in anderen Altersgruppen …

EIN MÄDCHEN FÜRS GROBE

»Mensch Gerd, das kann doch jetzt wirklich nicht sein. Hast du schon wieder alles vollgeschmiert! Du regst mich auf! Du regst mich echt auf!«

Ich traue meinen Ohren nicht, als ich auf der Suche nach Anja die Blume entlanglaufe. Schnell öffne ich die Tür zu Gerds Zimmer, wo Anja gerade mit Wut und Schwung die Bettdecke auf den Boden knallt, um das Bett abzuziehen.

»Sag mal, spinnst du, Anja? Was ist denn das für ein Ton? Bist du verrückt?« Na ja, ich gebe zu, auch mein Ton ist nicht gerade freundlich. Aber das hier geht einfach zu weit.

»Steffi, jetzt reg mich nicht auf. Der hat das heute Morgen schon mal gemacht. Ich bin doch nicht seine Putzfrau!«

Ich packe Anja am Ärmel und ziehe sie vor die Tür. Gott sei Dank ist niemand auf dem Gang. Die meisten halten nach dem üppigen Mittagessen, wie es auch zwischen den Feiertagen üblich ist, ein Mittagsschläfchen.

»So kannst du einfach nicht mit den Leuten umgehen, Anja.«

»Sag du mir nicht, wie ich mit meinen Leuten umgehen kann. Das macht der doch mit Absicht. Und der Huber hat vorhin schon wieder versucht, mir eine runterzuhauen.«

»Wenn du mit dem Huber nicht klarkommst, musst du den Gang wechseln. Aber du kannst doch den Gerd nicht dafür büßen lassen.«

Konfliktsituationen mit den Bewohnern sind durchaus keine Seltenheit bei uns im Heim. Ich hab ja schon von Anton erzählt, der versucht hat, mich mit einem Faustschlag auszuknocken. Keine Ahnung, für wen oder was er mich in diesem Moment gehalten hat. In der Regel kommen diese Attacken von den Dementen, die nicht mehr wissen, was sie tun. Das macht für dich als Pflegekraft das Ganze im ersten Augenblick allerdings nur unwesentlich besser. Aber mit solchen Situationen muss man eben lernen umzugehen, das ist schließlich unser Job. Dann geht man schnell aus dem Zimmer, atmet draußen ein paarmal tief durch, und schon geht es wieder.

Allerdings gibt es für jeden auch mindestens einen Bewohner, mit dem man überhaupt nicht klarkommt. Karl Huber ist zum Beispiel so ein Kandidat für Anja. Er ist dement. Keine Ahnung, ob Anja ihn an seine fiese Exfrau oder an seine Schwiegermutter erinnert, aber jedes Mal, wenn sie ihn waschen will, versucht er, sie an den Haaren zu ziehen oder sie zu schlagen. Da muss Anja eben für sich eine Lösung suchen – Schichten oder Zimmer tauschen und sich dadurch der Situation nicht mehr aussetzen. Aber ihre schlechte Laune an anderen Bewohnern auslassen – das geht einfach nicht.

Natürlich kenne ich auch solche Situationen, bei denen ich kurz vor dem Explodieren stehe. Wenn zum Beispiel Hans aus Langeweile den ganzen Nachmittag immer wieder klingelt:

»Ich wollte nur schauen, ob jemand kommt.«

Dann kann ich auch mal ziemlich scharf reagieren:

»Hans, jetzt reicht's aber. Ich hab da draußen fünfzehn Mann sitzen, die nicht allein aufs Klo können, und du klingelst hier aus Langeweile. Das muss echt nicht sein!«

Aber das ist ja leider allgemein so ein Problem mit der Klingel. Denn jeder Bewohner hat ein Recht darauf. Auch die Dementen, die die Klingel jeden Morgen, aber auch wirklich jeden Morgen, für den Lichtschalter halten. Oder die eher Unbeweglichen, die die Hängeklingel über dem Bett zum Hochziehen verwenden. Das ist zwar nervig, aber, mein Gott, das ist nun einmal unsere Aufgabe!

Manche meiner Kollegen scheinen das jedoch nicht so zu sehen. Da werden die Augen verdreht oder es wird wütend geschnaubt, wenn die Alten wirklich nur ihre einfachsten Bedürfnisse äußern. »Kannst du mir ins Bad helfen?« Besonders schlimm für mich sind auch Kollegen, die in ihrem Umgang mit den alten Leuten kein bisschen Umsicht und Warmherzigkeit an den Tag legen. Die früh ins Zimmer stürmen ohne ein freundliches Wort, die Fenster aufreißen und die Bewohner wie einen Sack Mehl geradezu aus dem Bett zerren. Kein »So, jetzt hilf mal ein bisschen mit, ich will dich jetzt in den Rollstuhl setzen«, sondern zack, zack unter die Arme gegriffen und ohne Vorwarnung aus dem Bett gerissen.

Da muss man sich auch nicht wirklich wundern, dass manche Demente mit Gewalt reagieren, wenn die Schwester ruppig und ohne jeden Kommentar an ihnen herumschrubbt wie an einem leblosen Stück Fleisch. Normalerweise bleiben die Körperteile, die gerade nicht gewaschen werden, abgedeckt, und jeder Schritt wird kommentiert, damit der Bewohner sich darauf einstellen kann – »So, jetzt wasche ich dir noch die Füße.« Wenn das aber unterbleibt, man den verwirrten alten Menschen einfach nur splitterfasernackt auszieht und mechanisch von oben bis unten abschrubbt (mit plötzlichen Überraschungsangriffen auf den Intimbereich), dann braucht man sich nicht wundern, wenn einem massive Gegenwehr entgegenschlägt.

Das Schlimmste, was ich einmal mit eigenen Augen gesehen habe, war ganz am Anfang meiner Zeit als Altenpflegerin, vielleicht sogar noch im Praktikum: Da hat beim Esseneingeben doch tatsächlich eine Fachkraft einer alten Frau den Mund durch Druck auf die Backen aufgepresst wie bei einer Stopfgans. Schauen Sie sich die Bilder von solchen Gänsen mal im Internet an. Das ist wirklich kein schöner Anblick. Etwas zu sagen, habe ich mich damals aber nicht getraut.

Glaubt man den zahlreichen Berichten in den Medien, dann passieren in unseren Altenheimen noch ganz andere Dinge. Da wird Flüssigkeit im Liegen mit einer Spritze verabreicht, weil dann die Alten auf jeden Fall schlucken müssen. Es gibt Schläge, wenn jemand ins Bett gemacht hat, und alle Formen psychischer Gewalt, Nichtbeachtung, emotionale Kälte, auch die Drohung, jemanden nicht zur Toilette zu bringen. Wird da nicht vielleicht doch übertrieben? Ich weiß es nicht. Aber ich hoffe es von ganzem Herzen.

Und dennoch muss man unterscheiden: Es gibt natürlich tatsächlich Menschen, denen jedes Einfühlungsvermögen abgeht. Die man besser heute als morgen rausschmeißen müsste, anstatt sie mit alten Menschen arbeiten zu lassen. Allerdings muss ich sagen, dass solche Leute doch eher die Ausnahme sind. Pflegekräfte, die sich mal aggressiv verhalten, sind in der Regel durchaus keine Sadisten. Keine Menschen, die Freude daran haben, andere zu quälen. Es sind Menschen, die häufig einfach nicht mehr weiterwissen. Bitte schütteln Sie jetzt nicht den Kopf, obwohl sie natürlich recht haben, dass so ein Verhalten durch nichts entschuldigt werden kann. Gewalt – und ich meine damit auch verbale Gewalt – darf niemals vorkommen. Auf keinen Fall. Unter keinen irgendwie denkbaren Umständen. Aber vielleicht kann ich Ihnen dennoch die Hintergründe ein bisschen verständlicher machen. Dass es eben nicht eiskalte Psychopathen sind, denen die Alten ausgeliefert sind, sondern dass wir Pflegekräfte häufig selbst hilflos sind.

Sie schütteln schon wieder den Kopf? Wenn nach vierzehn Tagen durchgehendem Dienst ein Bewohner zum wiederholten Male versucht, dich zu schlagen, dann ist es sehr schwer, cool zu bleiben. Wenn du schon seit einer halben Stunde versuchst, jemandem Essen einzugeben, und er spuckt dir die Soße jedes Mal wieder auf die Hose, dann kommt jedem die Galle hoch. Natürlich versuchst du ruhig zu bleiben, doch die ganze Situation macht es dir nicht gerade leichter. Weil du weißt, dass du auch morgen wieder für einen kranken Kollegen einspringen. Weil du weißt, dass du heute wieder länger über den Dokumentationen sitzen musst. Denn wenn jemand nicht genug zu sich nimmt, dann musst du eben ganz genau beschreiben, weshalb er nichts isst oder trinkt. Damit dir dein Vorgesetzter nicht aufs Dach steigt und dir mit Konsequenzen droht, wenn es noch einmal Fehler in den Dokumentationen gibt. Dabei gibt dein Vorgesetzter nur den Druck weiter, den er vom MDK bekommt, der ja wiederum auch nur versucht, für Ordnung zu sorgen. Aber es trifft leider dich. Also sitzt du noch eine Stunde länger, obwohl du sowieso schon völlig fertig bist.

Weil unter solchen Bedingungen immer weniger Leute in die Altenpflege gehen, holen wir uns unseren Nachschub aus Polen, Tschechien, Asien. Dass aber die Polinnen die Dokumentationen nicht in perfektem Deutsch abfassen können, das stört den MDK, und der Ärger geht wieder von vorne los.

Das ist der Hintergrund, den man kennen muss, wenn man solche Situationen betrachtet. Situationen, in denen Menschen, die eigentlich gar nicht »böse« sind, an ihre Grenzen kommen.

Wenn ich mal so richtig angepisst bin, dann fluche ich entweder irgendwo allein wie Rumpelstilzchen vor mich hin, schimpfe und tobe im Auto oder im Schwesternzimmer oder lasse auch mal vor den Kollegen den ollen Griesgram raushängen.

»So eine Scheiße hier.«

Olga kommentiert das gegenüber neuen Kollegen gern mal mit einem »Und das ist die Steffi. Wenn du sie nicht siehst, hörst du sie.« Aber das Dampfablassen hilft – dann kann ich bei meinen Alten wieder nett und freundlich sein und bin nicht genervt, wenn sie mich um etwas bitten. Und es ist auch wichtig, sich notfalls selbst einzugestehen, dass man einer Situation mal nicht gewachsen ist, und in diesem Fall Kollegen oder Vorgesetzte um Unterstützung zu bitten. Dazu gehört dann aber noch wesentlich mehr Mumm.

Das schreibe ich nicht, um diesen Beruf madig zu machen – sondern im Gegenteil: Weil ich Menschen ansprechen möchte, die diesen Herausforderungen gewachsen sind. Denn wenn sich mehr geeignete Menschen für diesen Beruf entscheiden, dann kann sich tatsächlich etwas ändern. Ich wünsche mir Kollegen, die engagiert arbeiten, Kollegen, die nicht kurz vor dem Burn-out stehen, weil sich zwei im Team einen Lenz auf Kosten der anderen machen. Damit ich mir in solchen Momenten nicht denke: »Wäre ich doch bloß im Handwerk geblieben, wo ich nach dem Feierabendbier weiß, dass jetzt auch wirklich Feierabend ist.« Dieser Beruf könnte so schön sein. Aber dafür braucht es eben ein gutes Team – und eine Leitung, die trotz des Fachkräftemangels den Leuten klarmachen kann, dass unkollegiales Verhalten nicht folgenlos bleibt, sonst ist natürlich Hopfen und Malz verloren. Es braucht eine Leitung, die sich nicht in den falschen Momenten vor ihre Mitarbeiter stellt, wenn sie eigentlich durchgreifen müsste, und erst dann wieder unangemessen hart reagiert, wenn kleinere Fehler passieren, die dem MDK aufgefallen sind.

Deshalb gehe ich jetzt auch nicht zu Klaus, um ihm von dem Vorfall mit Anja zu berichten. Als ich mich vor einigen Tagen wieder einmal über schlecht gereinigte Gebisse beschwert habe, wurde mir das als »unkollegial« ausgelegt. Weshalb sollte man da auch zu kritisch sein? Hauptsache, in der Doku steht, dass die Zähne geputzt wurden.

Ich weiß schon, was Klaus sagen würde, wenn ich jetzt zu ihm gehen würde:

»Die Anja ist einfach im Moment etwas angespannt. Da helfen wir jetzt alle ein bisschen zusammen, um ihr den Stress zu nehmen.«

Ich stehe noch immer vor Anja, und obwohl sie gegenredet, sehe ich ihren Augen an, dass sie genau weiß, dass sie im Unrecht ist. Ich unterbreche sie:

»Anja, red nie wieder so mit den Leuten! Sonst bekommst du's mit mir zu tun!«

Die Schicht ist vorüber. Ich laufe zu meinem Auto. Ich habe genug für heute. Mein Bauch tut weh. Ich lege meinen Kopf aufs Lenkrad und fange an zu heulen.

UND EIN GLÜCKSELIGES NEUES JAHR!

Schon wieder ist ein Jahr vergangen. Und diesmal habe ich mich selbst für den Dienst an Silvester eingetragen. Normalerweise feiert meine ganze Familie mit Anhang bei meinen Eltern zu Hause, aber meine Mutter, die ein echtes Glückskind ist, hat bei einer Radioverlosung einen Aufenthalt über Silvester in einem Wellnesstempel gewonnen, sodass unsere traute Runde ziemlich auseinandergebrochen ist. Meine Schwestern nutzen die Gelegenheit, um ihren Partnern einmal entgegenzukommen und feiern bei deren Familien. Und weil mein Schatz mit einer ziemlich heftigen Grippe schon seit einer Woche im Bett liegt, feiert auch bei uns zu Hause niemand mit mir. Erst hatten Olga und ich überlegt, ob wir nicht nur zu zweit in der Stadt feiern wollen, aber an Silvester macht Fortgehen nicht wirklich viel Spaß. Volle Clubs, keine freien Taxis. Da haben wir uns dann doch beide für den Nachtdienst entschieden. Das bringt uns jetzt keine Nachteile, dafür aber unschlagbare Verhandlungsvorteile, wenn es zum Beispiel an Ostern um den Feiertagsdienst geht. Dann können wir auf unser großartiges Engagement um den Jahreswechsel verweisen.

Es ist aber auch allgemein schlauer, sich um die Feiertage herum schon im Vornherein zu überlegen, wann es für einen nicht *so* schlimm wäre zu arbeiten. Denn es trifft dich ja trotzdem. Daher trage ich normalerweise für solche Gelegenheiten wie Neujahr zweimal Spätdienst ein, dann komme ich noch rechtzeitig zur Party und kann am nächsten Tag vor dem Dienst noch schön ausschlafen. Außerdem kann ich so sicher sein, dass mich an Neujahr niemand aus dem Bett klingelt – weil ich ja sowieso schon für den Dienst eingetragen war.

Im Gegensatz zu Weihnachten oder Fasching lassen wir es nun an Silvester etwas ruhiger angehen. Ab 17 Uhr sitzen wir alle wieder im großen Speisesaal zusammen. Statt Lebkuchen und Glühwein gibt es heute kalte Platten, und die Weihnachtssterne wurden durch Kleeblätter im Blumentopf ersetzt, dekoriert mit adretten Schornsteinfegern. Getanzt wird heute nicht. Das mag nun wieder Leser enttäuschen, die sich ihren späteren Altenheimaufenthalt vorstellen wie eine immerwährende Sause mit Polonaise Blankenese. Aber die meisten unserer Bewohner suchen gar nicht die fette Party, sondern in erster Linie ihre Ruhe.

Nachdem der Tatar-Igel komplett aufgegessen und das letzte Glas geleert ist, geht es gegen 18:30 Uhr vor die Tür, wo der Hausmeister schon ein kleines Feuerwerk für unsere Alten vorbereitet hat. Die Ahs und Ohs fallen etwas spärlich, dafür aber gänzlich unironisch aus, dann gibt es Umarmungen und Händeschütteln, bevor sich die ganze Truppe wieder zurück ins Haus bewegt.

Ein ganz schön mickriges Silvester, sagen Sie? Die meisten unserer Bewohner haben daran eigentlich nichts auszusetzen. Ich muss da immer an meine Großeltern denken, für die es schon das höchste der Gefühle war, wenn sie am 31. Dezember nach dem Abendessen mit einem Gläschen Sekt angestoßen haben. Bis Mitternacht haben die beiden nur ganz selten durchgehalten. Man muss auch sagen, dass bei den Alten der Vergleichshorizont ein ganz anderer ist. Während wir dann vielleicht in der Erinnerung an ausschweifende Silvesterpartys schwelgen und uns dorthin zurückträumen, erinnern sich die Alten an ganz andere Feierlichkeiten zum Jahresende:

»Ich hab noch Silvester mitgemacht, da sind richtige Raketen geflogen. Und anstatt netter Lieder haben wir den Bombenalarm gehört.«

Hans will einmal wieder den harten Kriegsveteranen markieren, aber an seinem Blick erkenne ich, dass ihm selbst bei dieser Erinnerung nicht wohl ist. Ich gebe ihm nur meine Hand – »Einen guten Rutsch wünsch ich dir, Hans« – und überlasse ihn seinen Erinnerungen.

Für die meisten Bewohner ist die Party jetzt zu Ende. Wir bringen sie in ihre Zimmer und machen sie bettfertig. Aber natürlich können alle, die noch wollen, länger wach bleiben. Wir haben sogar Leute, die eigentlich nie ins Bett wollen.

»Im Bett stirbt man bloß«, wehrt sich zum Beispiel ein älterer Herr aus der Blume schon seit seiner Ankunft gegen das Zubettgehen. Also bleibt er eben auf seinem Sessel sitzen. Wenn er einschlummert, bringe ich ihm eine Decke, damit er im Schlaf nicht friert, und stelle das Fußteil hoch, damit die Position ein bisschen bequemer für ihn ist. Hier wird keiner zu irgendwas gezwungen. Jetzt aber wollen tatsächlich die meisten ins Bett. Als Olga und ich fertig sind, sind nur noch zwei Bewohner übrig. Hanna und Frieda – wobei mir Friedas Sohn Walter mitgeteilt hat, dass seine Mutter den Jahreswechsel ganz besonders liebt. Selber reden kann sie ja leider nicht mehr. Also bleibt auch sie wach bis Mitternacht.

Während Frieda also in ihre Decke eingehüllt einfach die abendliche Stille genießt, sitzen Olga, Hanna und ich zusammen und reden über Gott und die Welt. Immer wieder einmal stehen Olga und ich auf, drehen eine Runde, wechseln eine Einlage oder bringen einem Bewohner etwas zu trinken. Hanna hält sich gut. Obwohl ihr spätestens seit *Dinner for one* die Lider ziemlich hängen, ist sie bisher noch kein einziges Mal weggenickt.

»Sag mal, Hanna, was wünschst du dir eigentlich fürs neue Jahr?«

»Ach ... wenn du mal so alt bist wie ich, sind Geld und irgendwelche Vorsätze nicht mehr wichtig«, murmelt sie in ihren Damenbart. »Vielleicht, dass ich Silvester nächstes Jahr noch erleben kann – so gesund wie ich es heute erlebe?«

Ob die Harte Hanna von vor drei Monaten wohl dieselben Wünsche geäußert hätte? Aber Hanna hat vollkommen recht. Wenn ich eine Sache gelernt habe hier im Altenheim, dann ist es die, wie wichtig es ist, vor allem mit dem zufrieden zu sein, was man hat, und nicht nach dem Unmöglichen zu streben. So platt sich das jetzt vielleicht auch anhört. Vor allem nicht nach Sachen, die man eigentlich gar nicht will, die man nur aufgrund sozialer Erwünschtheit auf seine To-do-Liste fürs nächste Jahr geschrieben hat. Das heißt ja nicht, dass ich mir gar nichts vornehme, aber eben nichts Unerreichbares und auch keine Dinge, die ich eigentlich gar nicht will. Ich werde erst dann mit dem Rauchen aufhören, wenn es mir keinen Spaß mehr macht. Wenn ich mich entschließe, häufiger ins Fitnessstudio zu gehen, dann nicht mehr – wie mit 17 –, weil ich vorhabe, mir eine Beachvolleyballerinnen-Figur zuzulegen, sondern um meinen Rücken zu stärken. Und wenn ich einmal keine Lust habe, zum Sport zu gehen, und lieber auf dem Sofa eine Packung Snickers essen möchte, dann werde ich das auch weiterhin tun. Das Leben ist viel zu kurz, um sich die ganze Zeit nur auf das Erreichen von Zielen zu versteifen, die einen dann letztendlich doch nicht glücklich machen.

Dazu zähle ich auch Geld – wobei ich wie gesagt gegen einen höheren Lohn absolut nichts einzuwenden hätte. Doch was bringt dir all die Kohle? Das Hinarbeiten auf die Rente, wenn dich zwei Wochen nach deinem 67. Geburtstag der Schlag trifft und du vom gesparten Geld und den hochtrabenden Plänen »Das machen wir, wenn wir in Rente sind« nichts mehr hast? Ich will Sie jetzt nicht dazu auffordern, Schuldenberge für Ihre Kinder anzuhäufen, aber wenn ich eine Sache gelernt habe, ist es die, dass es mit dem Sterben schneller gehen kann als gedacht.

Und wenn es dann mal so weit ist und das Alter erbarmungslos zuschlägt, sind es nicht die zahlreichen Freunde, verstreut über den ganzen Globus, mit denen du dich alle paar Schaltjahre über anregende Themen ausgetauscht hast, dann sind es nicht dein toller Job, dein schickes Auto, die dein Leben bereichern, sondern die engen Freunde, deine Familie, die kein Problem hat, dir ins Gesicht zu schauen, obwohl du ununterbrochen aus dem rechten Mundwinkel sabberst. Die dich verstehen, auch wenn du nuschelst, und die sich auch nicht schämen, dich im Rollstuhl durch die Nachbarschaft zu schieben.

Inzwischen ist es Mitternacht. Hanna, Olga und ich stoßen noch einmal an. Hanna ist mittlerweile ziemlich angesäuselt und lächelt selig vor sich hin. Frieda bekommt wegen ihrer Medikamente nur Orangensaft aus der Schnabeltasse, aber als wir nach draußen vors Altenheim treten beziehungsweise rollen, trübt das ihre Freude am vom Feuerwerk erhellten Nachthimmel nicht im Mindesten.

Schweigend stehen wir vor dem Eingang der Frankenruh, keine zehn Meter von uns entfernt verläuft der Bordstein, doch niemand, der vorübergeht, würdigt uns überhaupt eines Blickes. Kein »gutes neues Jahr« wird gewünscht, niemand wird umarmt, keine Hände werden geschüttelt. Meine feierliche Silvesterstimmung wird davon ziemlich gedämpft. Warum bleibt niemand stehen? Weshalb wirft keiner uns wenigstens einen kurzen Blick zu? Stattdessen haben es alle anscheinend schrecklich eilig. Nur schnell vorbei am Altenheim, an dieser Sterbevorbereitungsanstalt.

Das ist nichts Neues für uns. Wir kennen das schon. Letzten Sommer hatten wir Reparaturarbeiten am Balkon zu erledigen. Da waren unsere Alten natürlich mit Begeisterung dabei. Nicht etwa, dass sie mitgearbeitet hätten.

Nein. Aber sie standen unserem Herrn Hausmeister wenn auch nicht mit Tat, so doch mit gutem Rat zur Seite. Da klingelte just das Telefon. Der Nachbar war dran.

»Können Sie bitte die Alten vom Fenster wegholen? Die stehen schon den ganzen Nachmittag da und machen einen Höllenlärm.«

»Aber unsere Bewohner unterhalten sich doch nur.«

»Das ist ein Geschrei. Da hat man überhaupt keine Ruhe. Ich rufe gleich die Polizei wegen Lärmbelästigung.«

Da habe ich einfach aufgelegt. Die Polizei kam natürlich nicht. Wenn Kinder in Wohngebieten spielen dürfen – dann dürfen sich unsere Alten doch wohl noch unterhalten?

Dieser Nachbar ist es auch, der schon mehrfach gefordert hat, dass wir die Jalousien des Heims geschlossen halten – auch tagsüber: »Ich will dieses Elend nicht sehen!«

Es ist schon traurig, was für ein Aufschrei durch Deutschland geht, wenn über die Missstände in den Heimen berichtet wird, darüber, wie einsam und allein die Menschen dort sind. Aber dass jeder Bürger einen Beitrag leisten könnte, um Abhilfe zu schaffen – schon allein, indem er sich nicht wie so aufführt wie unser Nachbar oder die Leute, die ohne zu grüßen an unseren Alten vorbeilaufen –, das kommt niemandem in den Sinn. Und wenn es dann darangeht, die eigenen Angehörigen im Heim zu besuchen, dann fehlen plötzlich Zeit und Lust. Sollte es sich dann womöglich noch um eine weitläufige Verwandte handeln, dann reicht es doch locker, wenn man einmal im Jahr vorbeikommt. Wenn man an Weihnachten keine Zeit hat: alle zwei Jahre. Dann ist die Tante oder der Onkel plötzlich tot. Und zur Beerdigung werden ein paar Tränen verdrückt.

Und auch die Menschen, die keinen Verwandten oder Bekannten im Heim haben, haben Möglichkeiten, sich aktiv einzubringen, anstatt sich nur vor dem Fernseher aufzuregen. Ich weiß, ich wiederhole mich, aber es gäbe so viele Gelegenheiten, sich ehrenamtlich zu engagieren, die Alten zu unterhalten und zu unterstützen, ja, man könnte dabei sogar ein bisschen Geld verdienen. Sich die Rente aufbessern, anstatt gelangweilt zu Hause zu sitzen. Aber da wird lieber Geld für ein Patenkind in Afrika bei irgendeiner Hilfsorganisation gespendet, Hauptsache, schön weit weg von hier. Und das soziale Gewissen findet, dass damit nun auch wirklich genug getan sein müsste. Lieber führt man noch im Tierheim die putzigen herrenlosen Hündchen aus, als im Altenheim vorstellig zu werden und dort Hilfe und Unterstützung anzubieten. Dabei muss man sich ja gar nicht mit den schmutzigen Tätigkeiten auseinandersetzen – dafür sind ja wir Pflegekräfte da. Nur weil Sie mit einem Bewohner spazieren gehen, müssen Sie ihm noch lange nicht den Hintern abputzen. Aber die Angst davor, mit der eigenen Zukunft konfrontiert zu werden, ist wohl zu groß.

Auch auf die Gefahr hin, Sie mit meinem Appell zu nerven: Ein Altenheim kann einfach nicht alle Funktionen übernehmen, die ein funktionierendes soziales Netzwerk früher einmal innehatte. Gespräche mit Freunden, liebevoller Austausch in der Familie. All das können wir nicht ersetzen, auch nicht mit den besten Pflege- und Betreuungskräften. Deshalb brauchen wir Unterstützung. Von Ehrenamtlichen, aber auch von den Familien selbst. Dass der Umgang mit den Alten alles andere als eine lästige Pflicht ist, das haben Sie hoffentlich beim Lesen dieses Buches selbst gemerkt. Keine noch so gute Komödie bringt mich derart zum Lachen, wie manche Gespräche mit Berta es geschafft haben:

»Meine Beine jucken so.«

»Das ist das Wasser.«

»Und woher kommt das?«

»Vom Alter – oder wenn du schwanger bist. Bist du schwanger?«

»Schwanger kann ich nicht sein. Da hat schon lang keiner mehr hingelangt.«

Oder wenn ich Sopherl morgens beim Anziehen bitte, sich an mir festzuhalten, damit sie nicht von der Bettkante fällt, und sie mir mit den Worten in die Taille zwickt:

»Ah, das ist schön Fleisch dran.«

Es ist eine wahre Freude mit den Alten – und an dieser Freude sollten auch Sie teilhaben. Denn selbst wenn sich in der Pflege etwas ändert, wenn Bezahlung und Arbeitsbedingungen sich verbessern, dann heißt das immer noch nicht, dass wir unseren Alten eine Familie ersetzen können. Da sind immer noch die Angehörigen in der Pflicht. Und davon können sie sich auch mit keinem Geld der Welt freikaufen.

Vielleicht laufen deshalb heute Nacht all die Leute nur ganz schnell und mit gesenktem Kopf an uns vorbei. Weil sie ein schlechtes Gewissen haben, und weil sie sich davor fürchten, irgendwann hier zu landen. Und vielleicht interessiert sich dann auch niemand für sie ...

»Wollt ihr zwei langsam auch mal ins Bett?«, frage ich Hanna und Frieda. Beide können kaum mehr die Augen offen halten.

Nachdem wir die beiden ins Bett gebracht haben, setzen Olga und ich uns noch für eine letzte Zigarette nach draußen.

»Was wünschst du dir fürs neue Jahr, Steffi?«, fragt mich Olga.

»Ach, Olga. Normalerweise würde ich ja sagen: Lass das nächste Jahr wieder so gut werden wie dieses Jahr. Aber wenn das hier im Heim das nächste Jahr so weitergeht, halt ich das echt nicht aus. Zurzeit ist es doch einfach eine Riesenscheiße.«

DAS ENDE

Das neue Jahr hat keine Besserungen gebracht. Ganz im Gegenteil: Es hat sich alles noch mehr zugespitzt. Wenn im Sommer alle engagierten Kollegen gesund sind, dann läuft es manchmal wochen- und monatelang richtig gut. Denn dann können sie die Fehlzeiten derjenigen, die ständig krankfeiern, noch mit Ach und Krach ausbügeln. Doch im Winter sieht das Ganze dann schon wieder anders aus. Die Sonne, die dir an den langen Sommertagen Kraft gegeben hat, trotz weniger Stunden Schlaf am nächsten Tag fit in die Arbeit zu gehen, sie lässt dich in diesen kalten Wintermonaten im Stich. Die Kälte setzt dir zu, die Grippewelle, der Weihnachtsstress. Und plötzlich läuft in einem Haus gar nichts mehr, und das mühselig aufrechterhaltene Gerüst fängt an zu wackeln.

Es waren kleine und größere Dinge, die mir die Arbeit immer schwerer machten. Eigentlich war Olga die einzige Kollegin, mit der ich noch offen reden konnte. Die anderen waren mir durch ihr ständiges Gejammer, gemischt mit einer Feigheit, die ihresgleichen sucht, unerträglich geworden. Es passierten immer mehr Dinge, die für mich gar nicht gingen, zum Beispiel auch an dem Tag, an dem Hanna gestorben ist. Denn entgegen ihrer eigenen Hoffnung hat sie nicht einmal den nächsten Frühling erlebt.

»Was?«, rufen Sie jetzt. »Schon wieder eine Hauptfigur in dieser Geschichte, die stirbt?« Sicherlich hatten Sie erwartet, dass wir in echter Hollywoodmanier gemeinsam in den Sonnenuntergang brettern und einen filmreifen Road Trip hinlegen, der in ein Happy End führt, das mir Reichtum und Hanna noch zwanzig Jahre auf einer kleinen Farm mit ihrer verloren geglaubten Jugendliebe beschert. Aber leider sieht die Realität im Altenheim dann doch ganz anders aus. Alles steuert auf den Tod zu. Darin unterscheidet sich unser Beruf gravierend vom dem einer Kindergärtnerin oder Lehrerin, die ihre Schützlinge auf die Widrigkeiten des Lebens vorbereitet und sie dann hinaus in die Welt entlässt. Aber so ist das Leben eben.

Ich fand Hanna in ihrem Bett. Sie war während der Nacht verstorben. Nicht unvorhersehbar. Mit ihr war es schon eine Weile bergab gegangen, wie zuvor bei Berta. Kein schlechter Tod.

Eigentlich war ich nur zum Bürodienst in die Frankenruh gekommen, doch als ich von Hannas Tod hörte, wollte ich Abschied nehmen. Sie war schon seit drei Stunden tot, in wenigen Minuten würden die Verwandten kommen. Doch als ich in ihr Zimmer trat, verschlug es mir den Atem: Hanna lag noch genauso da, wie sie gestorben war, die Augen offen, ebenso der Mund. In der Luft hing der Geruch von Urin und Kot, offensichtlich hatte Hanna sich im Sterben noch einmal entleert. Was sich mir hier bot, war kein Anblick, wie ihn Verwandte beim Abschied von den Verstorbenen zu sehen bekommen sollten. Ich will Ihnen die Details ersparen. Denn sie sind für diese Geschichte nicht wichtig, und sicher wäre Hanna doch etwas beleidigt, wenn ich es zu genau erzählen würde.

»Du alte Tratschtante musst aber auch wirklich jedes noch so kleine Detail ausplaudern«, höre ich sie sagen.

Also halte ich ein einziges Mal meine Klappe. Wichtig ist nämlich etwas ganz anderes: Hanna lag dort so vor mir, weil die Kollegin im Nachtdienst vor lauter Überforderung nicht gewusst hatte, was sie tun sollte. Offensichtlich hatte sie sowieso schon unter großem Druck gestanden, weil die Pflegehelferin nicht zum Dienst erschienen war. Telefonisch hatte sie niemanden erreicht – offensichtlich auch mich nicht. Außerdem hatte sie wohl erst vor Kurzem Ärger mit Klaus gehabt, weil es bei ihr Fehler in der Pflege – Genaueres weiß ich leider auch nicht – gegeben hatte. Der Todesfall hatte die Kollegin – sowieso schon unter Stress und höchstnervös – so überfordert, dass sie – allein im Haus – sich gar nicht damit auseinandersetzen konnte. Dass sie derart durch den Wind war, dass sie Hanna nicht mal für die schon informierten Angehörigen hergerichtet hatte, dass sie offenbar so neben sich war, dass sie auch niemanden, keinen der Kollegen vom Frühdienst, darüber ins Bild gesetzt hatte, das war für mich nur noch eine weitere Bestätigung dafür, dass bei uns im Heim etwas ganz gewaltig schiefläuft.

Doch auch das wäre für mich noch kein Grund gewesen, zu kündigen. Wie gesagt, es war eine Vielzahl von Dingen, die zusammenkamen. Zum Beispiel, dass meine

Appelle, Mitarbeiter in solchen Situationen – wenn auch nur psychisch in Form von Verständnis und eines wärmeren Arbeitsklimas – zu entlasten, nicht gehört wurden. Dass ich über andere Missstände klagte und ich deswegen nur als Querulantin wahrgenommen wurde. Dass sich die Stimmung allgemein immer mehr verschlechterte. Dass ich schließlich nur noch auf Schichten eingeteilt wurde, bei denen keine Teamsitzungen stattfanden, um zu vermeiden, dass ich meine nörglerische Stimme in der Runde erhebe, all das summierte sich über Wochen hinweg. Am 28. Februar ist Hanna gestorben. Zwei Monate später habe ich gekündigt.

Sie fragen sich jetzt sicherlich, was ich danach gemacht habe. Habe ich der Altenpflege komplett abgeschworen? Bin ich wieder in meinen alten Beruf zurückgekehrt? Schraube ich statt an alten Menschen jetzt wieder an echten Oldtimern herum? Habe ich vielleicht ein eigenes Altenheim aufgemacht? Ein kleines schmuckes, mitten in den Bergen, in dem ich drei ausgewählte Alte für monatliche 4000 Euro rund um die Uhr betreue und verhätschle? Nein. Ob Sie's nun glauben oder nicht: Ich bin wieder in ein Heim gegangen. Ich arbeite weiter als Fachkraft. Und natürlich haben Sie recht mit Ihrer Skepsis: Viele der Dinge, die mir in der Frankenruh zugesetzt haben, begegnen mir auch auf meiner neuen Stelle. Es gibt den MDK, der uns im Nacken sitzt. Es gibt immer noch schlimme Schichten, überraschendes Einspringen am Samstagmorgen. Und doch ist es ganz anders. An meinem neuen Arbeitsplatz habe ich ein Team, in dem ich mich auf jeden Einzelnen verlassen kann. Ein Team, bei dem ich mir sicher sein kann, dass mich niemand ausnutzt, und bei dem es sich lohnt, sich anzustrengen. Doch das Wichtigste: eine PDL, die versteht, wie wir Fachkräfte denken und arbeiten. Die im richtigen Moment mahnt, aber auch im richtigen Moment lobt. Die nicht nur nach unten tritt, sondern sich auch vor ihre Leute stellt, wenn es einmal Probleme gibt. Und die doch niemanden blind verteidigt, die erkennt, wenn jemand seine Arbeit schlecht macht, und auch dafür sorgt, dass das nicht so bleibt. Eine PDL, die auch einmal zuhört. Vor allem weil ich nach den Erfahrungen in der Frankenruh gelernt habe, ganz anders für meine Interessen und die Interessen meiner Alten einzutreten. Weniger wütend, doch durchsetzungsstärker, erwachsener, hartnäckiger. Und dadurch kann ich mich wieder mit ganzem Herzen meinen Alten widmen, ohne mir die Birkenstockspitzen an der Wand kaputt zu hauen, weil ich mir vor Wut nicht anders zu helfen weiß. Meine Arbeit macht mir jetzt wieder Spaß, und Olga, die inzwischen auch das Heim gewechselt hat, und ich können jetzt endlich in unserer Freizeit auch einmal über andere Themen reden als nur über die Arbeit.

Nur meine Alten aus der Frankenruh fehlen mir sehr. Zwar sind mir meine neuen Schätze auch schnell ans Herz gewachsen, doch immer wieder passiert es, dass ich mich frage, was Hans, was Frieda, was Sopherl wohl machen. Ob Hans noch immer so ruppig ist? Ob ihn die neue Fachkraft genauso gut in den Griff bekommt?

»Hey, tu mir mal a Bier raus!«
»Kannst du mal bitte sagen?«
»Hey, tu mir mal bitte a Bier raus!«

»Geht doch. Lass es dir schmecken!«

Ob Sopherl unser gemeinsames Singen am Morgen vermisst, so wie ich es vermisse? Dabei weiß ich natürlich, dass sie mich schon längst vergessen hat. Meine Tränen zum Abschied hat sie nur ganz verwundert betrachtet.

»Tut dir was weh?«, hat sie gefragt. Ich konnte nur den Kopf schütteln, sonst hätte ich wohl angefangen, laut loszuheulen.

Es geht mir also ziemlich gut inzwischen. Mit engagierten Kollegen in einem guten Team lässt sich vieles so viel besser ertragen. Und doch heißt das nicht, dass deshalb alles so bleiben kann, wie es ist. Wir brauchen mehr qualifizierte Fachkräfte.

Ich denke, eine Möglichkeit, dem Fachkräftemangel zu begegnen, könnte es sein, die Pflege noch weiter zu öffnen und auch Menschen, die »nur« einen qualifizierten Hauptschulabschluss haben, für die Fachkräfteausbildung zuzulassen. Denn in unserem Beruf kommt es nicht darauf an, ob ich die Winkelsumme im Dreieck kenne, sondern darauf, dass ich gut und liebevoll mit Menschen umgehen kann. Und das ist in meinen Augen das Gegenmodell zu den Bemühungen, jeden Deppen, der woanders nicht unterkommt, für die Helfertätigkeit begeistern zu wollen: Lieber den Menschen, die motiviert sind, nicht mehr den Einstieg in eine Fachkräftetätigkeit verbauen.

Doch auch die Tätigkeit selbst muss attraktiver werden. Wer sich für diesen Beruf entscheidet, will sich wirklich um die Menschen kümmern können. Er will nicht dauernd unter Zeitdruck stehen, am Wochenende bei jedem Klingeln des Telefons zusammenzucken, weil er Angst hat, dass er jetzt doch wieder zum Dienst gerufen wird. Dies lässt sich am schnellsten durch eine Änderung des Pflegeschlüssels bewerkstelligen. Das heißt noch lange nicht, dass jedem Bewohner dann sein individueller Altenpfleger zur Seite gestellt wird, der sich Tag und Nacht um ihn kümmert, wie sich das so mancher in seinem Anspruchsdenken gerne immer wieder ausmalt. Es heißt aber, dass ich genügend Zeit habe, die Alten optimal zu pflegen, mich mit ihnen zu unterhalten und mich in meiner Freizeit so zu erholen, dass ich meine Arbeit mit Freude und auf die Dauer ohne Gefahr für meine Gesundheit ausüben kann. Doch der Schlüssel allein dreht das Ganze natürlich nicht – denn es braucht ja auch Leute, die die Stellen ausfüllen. Aber das geschieht eben erst, wenn durch höhere Löhne und bessere Arbeitsbedingungen der Beruf attraktiver wird. Mir ist schon klar, dass sich da die Katze in den Schwanz beißt.

Darüber hinaus darf einem diese Tätigkeit nicht versauert werden durch Aufsichtsinstanzen, die häufig nur die reine Erfüllung von Formalien im Blick haben und keinen persönlichen Austausch mit den Fachkräften suchen. Die gar nicht nachfragen, weshalb etwas nun auf diese und nicht auf jene, detailliert vorgeschriebene Art und Weise gemacht wurde. Dabei würden sich die meisten Dinge bestimmt in einem persönlichen Gespräch klären lassen. Die Vorgehensweisen hängen so stark von den individuellen Gepflogenheiten in den verschiedenen Heimen ab, dass sie nicht in einer starren To-do-Liste erfasst werden können. Doch statt nachzufragen oder einfach mal eine *komplette*

Schicht mitzulaufen, werden häufig bestimmte Dinge bei der Besichtigung nicht einmal angesprochen, sie tauchen dann einfach nur in der schlechten Bewertung auf, ohne dass die Möglichkeit besteht, noch irgendwelche Gründe anzuführen. Sie sagen jetzt: Da wollen sich die Heime ja sowieso nur rausreden? Ich verstehe Ihren Einwand. Aber hatten Sie schon einmal jene bittere Situation, dass jemand Ihnen Dinge zum Vorwurf gemacht hat und dann nicht einmal Ihre Erklärung hören wollte? Wir brauchen die Kontrolleure. Natürlich. Aber leider funktioniert die Zusammenarbeit häufig nicht gut. Eigentlich sollte das Verhältnis zum MDK ein von Vertrauen geprägtes sein. Wir haben ja ein gemeinsames Ziel: das Wohl der Alten. Manchmal habe ich aber das Gefühl, wir stehen uns eher wie verfeindete Parteien gegenüber.

Ich könnte jetzt noch vieles aufzählen, was ich mir anders wünsche. Doch ich kann nur Ideen äußern, beschreiben, was mir auffällt, was mir fehlt, was mich belastet. Ich bin kein Politiker, kein Haushaltsplaner. Ich weiß nicht, was finanzierbar ist. Ich sehe nur, was fehlt und was schiefläuft. Ich sehe die Dinge, die sich ändern müssen, damit wieder mehr Menschen diesen Beruf ergreifen und ihn mit einer Freude ausüben, wie ich sie empfinde – wenn alles gut läuft.

Angesichts dieser letzten Seiten muss Ihnen meine Widmung vorkommen wie blanker Hohn: »Für alle Altenpflegerinnen und Altenpfleger und für alle, die es werden wollen. Nach der Lektüre dieses Buches hoffentlich viele mehr!« Und doch hoffe ich, dass ich mit meiner Geschichte auch einen neuen Blick auf das Altenheim ermöglichen konnte, der über die oft einseitige Berichterstattung in den Medien hinausgeht. Ich hoffe, dass ich einige von Ihnen vielleicht davon überzeugen konnte, wie bereichernd es ist, als Fachkraft oder als Pflegehelfer zu arbeiten, mit den Alten zu scherzen, sich zu streiten, zu weinen. Zu kichern, bis das Gebiss aus dem Mund springt, oder zu lachen, bis man sich im wahrsten Sinne des Wortes in die Hose gemacht hat. Deshalb: Machen Sie doch einfach mal ein Praktikum, schnuppern Sie mal rein. Sie müssen keine Angst haben, wir sagen Ihnen schon, wo's langgeht.

Und auch wenn Sie schon einen Beruf haben: Kommen Sie trotzdem zu uns. Besuchen Sie Ihre alten Tanten. Ihren Nachbarn, der vor drei Jahren ins Altenheim gekommen ist. Setzen Sie sich hin, hören Sie zu. Reden Sie mit ihm über die gemeinsame Vergangenheit. Nehmen Sie sich die Zeit, eine Runde mit ihm im Garten zu drehen. Zum Autowaschen und Shopping reicht die Zeit ja auch. Und sorgen Sie dafür, dass der Ausspruch von Grampa Simpson für Sie nicht gilt:

»Ihr fresst uns unsere Kekse weg, aber ihr seht uns nicht an!«

NACHWORT

Mein Name ist nicht Stefanie Mann. Ich habe auch nie in einem Heim namens Frankenruh gearbeitet. Und doch ist dies eine wahre, meine Geschichte. Ich habe meine Erfahrungen als Altenpflegefachkraft in diesem Buch zusammengetragen, um Ihnen zu zeigen, was ich in unterschiedlichen Heimen, im Austausch mit den Bewohnern wirklich erlebt habe, ohne dabei private Details aus dem Leben meiner Lieben zu verraten. Die Menschen, die in diesem Buch vorkommen, die Bewohner, Angehörigen und Kollegen, gibt es nicht wirklich. Die Geschichten, die ich von ihnen erzähle, sind vielmehr ein Mosaik aus den Hunderten von Begebenheiten, die ich in den letzten Jahren mit meinen Alten in verschiedenen Heimen erleben durfte.

Dieses Buch soll zeigen, dass viele Vorbehalte, viele Ängste, die wir gegenüber Altenheimen – ja den Alten selbst – haben, absolut keine Berechtigung haben. Es soll trotz der oft schrägen Geschichten kein Kuriositätenkabinett sein, sondern Einblick gewähren in die Arbeit der Altenpfleger und ein Plädoyer dafür sein, dass wir alte Menschen wieder mehr zurück in unser Leben holen.

Es ist auch ein bisschen eine Liebeserklärung an meine Alten. Ihnen ist dieses Buch gewidmet.

GLOSSAR

Abschießen: Mit Medikamenten ruhigstellen.

Adipös: Medizinersprech für »fett«.

Alkoholiker: Natürlich wird ein Alkoholiker auch im Alter nicht schlagartig »trocken«. Deshalb gibt es das Problem Alkoholismus eben auch in Altenheimen.

Aphasie: Verlust der Sprechfertigkeit, meist infolge eines Schlaganfalls oder einer schweren Hirnverletzung. Frieda hat eine Aphasie, deshalb fällt es Menschen, die nicht viel mit ihr und mit Aphasikern allgemein zu tun haben, so schwer, sie zu verstehen.

Behütende/Beschützende: Geschlossene Abteilung. Hier kommt man hin, wenn akute Weglaufgefahr besteht oder das Zusammenleben mit dir für die anderen Bewohner untragbar geworden ist.

Bereitschaftsarzt: Arzt, den die *Fachkraft* am Wochenende, an Feiertagen und nachts anstelle des Hausarztes anruft, wenn sie, zum Beispiel bei einer fiebrigen Erkältung, Medikamente verabreichen will. Sie macht das nicht aus Dummheit oder weil sie den Bereitschaftsarzt ärgern will, sondern weil ihr sonst der *MDK* aufs Dach steigt. Der Bereitschaftsarzt behandelt sie trotzdem so. Bei wirklichen Notfällen wird der *Notarzt* gerufen.

Biografiebogen: Hier werden die Ergebnisse des Aufnahmegesprächs eingetragen. Es geht zum einen um die Lebensgeschichte des Bewohners, aber auch um Fragen wie: Was mag er? Was mag er nicht so gern? Eine Art individuelle Bedienungsanleitung für unsere Alten also.

Bufdi: Bundesfreiwilligendienstler, also jemand, der, wie bei einem freiwilligen sozialen Jahr, sich zur freiwilligen, gemeinnützigen und meistens unentgeltlichen Arbeit verpflichtet hat. Soll den *Zivi* ersetzen, der uns schmerzlich fehlt.

Dekubitus: Liegegeschwür, das durch sachgemäße regelmäßige Lagerung oder den Einsatz einer Wechseldruckmatratze verhindert werden kann. Letztere bekommt man allerdings erst, wenn man schon einen hat.

Dokumentation: Hat nichts mit Fernsehen zu tun, sondern meint die Unterlagen, die wir über die Alten führen und die vom *MDK* bei regelmäßigen Kontrollen geprüft werden. Hier steht zum Beispiel drin, wenn ein Bewohner sich partout das Essen nicht *eingeben* lassen wollte.

Durchmarsch: Durchfall.

Durchzieher: Bettschutz.

Ehrenamtliche: Freiwillige Helfer, ohne deren Einsatz vieles in den Heimen nicht möglich wäre. Werden Sie einer von ihnen!

Eingeben: Gefüttert wird im Altenheim nicht mehr. Wir »geben ein«. Hat nichts mit Computertastaturen oder Ähnlichem zu tun.

Einlagen: Wenn Sie hier an Slipeinlagen denken, liegen Sie gar nicht so falsch. Eine Form von *Inkontinenzmaterial*, das in Netzhöschen eingelegt wird und so leichter gewechselt werden kann.

Einstuhlen: Sich »groß« in die Hose machen.

Fachkraft: Wird man erst nach einer mehrjährigen Berufsausbildung. Bestimmte Aufgaben dürfen nur von Fachkräften übernommen werden, zum Beispiel das *Stellen von Medikamenten* oder das Wechseln von Verbänden. Also die *medizinische Pflege*.

Familie: *Pflegekräfte* können diese nicht ersetzen. Sie versuchen dennoch, für die Alten ein bisschen so etwas zu sein.

FEM: Freiheitsentziehende Maßnahme. Dann notwendig, wenn akute Fluchtgefahr oder Gefahr für die übrigen Bewohner oder das Personal besteht. Darf ohne richterlichen Beschluss nur 24 Stunden aufrechterhalten werden. Das heißt, wenn Sie versuchen, mich zu verprügeln, und auch auf gutes Zureden hin nicht vom Versuch ablassen, werden Sie am Bett fixiert, also festgebunden. Aber keine Sorge, fixiert wird heute kaum noch.

Fixierung: Siehe *FEM*.

Freunde: Siehe *Familie*.

Geschlossenes System: Form von *Inkontinenzmaterial*. Steigerung von *Einlagen*. Wird gerne auch mal als »Windel« bezeichnet.

Heimaufsicht: Staatliche Stelle zur Kontrolle von Heimen. Die Mitarbeiter der Heimaufsicht erscheinen meistens unangekündigt. Sie kann im Falle von schwerwiegenden Pflegemängeln ein Heim auch schließen oder eine Aufnahmesperre verhängen. Das staatliche Gegenstück zum *MDK*.

Heimbeirat (oder: Bewohnervertretung): Interessenvertretung der Heimbewohner und von diesen gewählt.

Inkontinenzmaterial: Windeln gibt es bei uns nicht – das heißt Inkontinenzmaterial. Dabei unterscheiden wir zwischen *Einlagen* und *geschlossenen Systemen*. Erstere werden einfach in Netzhöschen eingelegt, Letztere komplett angezogen.

Intubieren: Das Einführen eines Tubus, einer Hohlsonde, in einer Körperöffnung, im konkreten Fall in den Rachen im Falle eines Erstickungsanfalls. Das dürfen wir *Fachkräfte* nicht, wir saugen allenfalls Schleim ab. Wir rufen daher dafür den *Notarzt*.

MDK: Medizinischer Dienst der Krankenversicherung. Prüft, ob im Heim auch alles so läuft, wie es soll. Wichtige Kontrollinstanz, um Fehler im Betrieb zu erkennen. Staatliches Gegenstück ist die *Heimaufsicht*.

Medikamente stellen: Sie kennen diese kleinen Plastikdöschen, beschriftet mit »Montag« bis »Freitag«? Hier werden die richtigen Tabletten für den jeweiligen Bewohner einsortiert. Weil jeder Fehler sich gravierend auswirken kann, machen das nur die *Fachkräfte*.

Medizinische Pflege: Dürfen nur die *Fachkräfte*, nicht die *Pflegehelfer*. Es handelt sich dabei um Tätigkeiten wie das *Stellen von Medikamenten* und das Wechseln von Verbänden.

Melperon: Verkürzt gesprochen ein Beruhigungsmittel. Geeignet, um psychotische Patienten »runterzubringen«, sollte nicht dazu dienen, nervige Bewohner *abzuschießen*. Denn das bringt überhaupt nichts. Hier nur stellvertretend für viele vergleichbare Medikamente angeführt.

NaCl: Natriumchlorid. Verkürzte Bezeichnung für eine Kochsalzinfusion bei akutem Flüssigkeitsmangel.

Notarzt: Er wird gerufen, wenn es schnell gehen muss, und hilft bei Sachen, die wir nicht dürfen, zum Beispiel: *intubieren*.

PDL: Pflegedienstleitung. Kümmert sich darum, dass im Pflegebereich alles so läuft, wie es soll. Quasi die oberste Fachkraft.

PEG: Perkutane endoskopische Gastrostomie, also eine durch die Bauchdecke gelegte Magensonde. Brauchen Sie, wenn Sie zum Beispiel Speiseröhrenkrebs haben und auf diesem Weg kein Essen mehr in Ihren Körper gelangen kann.

Pergamenthaut: Sehr dünne, trockene Haut bei alten Menschen, die schnell einreißt; siehe auch *Triangeln*.

Pflegehelfer: Pflegehelfer kann man schon nach einem Kurs von wenigen Wochen werden. Sie unterstützen die *Fachkräfte* in ihrer Tätigkeit. Obwohl die Verantwortung während der Schicht bei der diensthabenden Fachkraft liegt, gehört ein gerüttelt Maß an Empathie und Zuverlässigkeit zu den wesentlichen Eigenschaften, die ein Pflegehelfer mitbringen sollte.

Pflegeschlüssel: Bestimmt das Verhältnis von Bewohner zu Pflegepersonal entsprechend der *Pflegestufen*.

Pflegeschüler: Azubi im Altenheim.

Pflegestufe: Die Pflegestufe wird nach einer Überprüfung durch den *MDK* festgelegt. Sie gibt das Ausmaß der Pflegebedürftigkeit an und legt somit auch den nötigen Zeitaufwand fest.

PSB-Stunden: Psycho-soziale Betreuungsstunden. Stunden, die in der Ausbildung zur *Fachkraft* von den Azubis für psychologisch oder sozial sinnvolle Beschäftigungen genutzt werden sollen. Häufig werden diese Stunden dann doch nur dazu verwendet, um den anderen Fachkräften unter die Arme zu greifen.

Schnappatmung: Setzt kurz vor dem Sterben ein. Hat nichts mit Ersticken zu tun, sondern beschreibt das plötzliche Atemholen, unterbrochen von langen Ruhephasen, im Sterbeprozess. Hier *intubiert* oder reanimiert man nicht.

Somnolenz: Benommenheit und ungewöhnliche Schläfrigkeit. Setzt ein, wenn ein Bewohner mit zu viel *Melperon abgeschossen* wurde.

Spucken: Euphemismus für »kotzen«.

Tanzcafé: Das Schlagwort der heute Fünfzigjährigen, die sich ihre Zukunft im Heim in den leuchtendsten Farben ausmalen. Sie vergessen dabei nur, dass die Bedürfnisse mit achtzig meist doch andere sind als in der Blüte des Lebens.

Triangeln: Eigentlich fachlich korrekt: Hautverschiebungen. Die *Pergamenthaut* der Alten ist sehr empfindlich und kann schon bei einem kleinen Stoß reißen. Es entstehen triangelförmige Wunden.

Vorlagen: Siehe *Einlagen*.

Windeln: Gibt es im Altenheim nicht – wir haben allenfalls *geschlossene Systeme* – neben *Vorlagen* eine Form des *Inkontinenzmaterials*.

Wundmanager: Kommt oftmals von einem Sanitätshaus und kümmert sich um die Versorgung von komplizierten Wunden. Größere Heime haben oft ihren eigenen Wundexperten.

Wunschfrei: Jeder kann zu Beginn der Planungen für den nächsten Monat angeben, wann er gerne frei hätte. Aber wie das mit den Wünschen so ist ...

Zivi: Zivildienstleistender. Gibt es leider nicht mehr. Der *Bufdi* ersetzt ihn – aber so richtig seinen Platz ausfüllen, das kann wohl niemand.

Besuchen Sie den HEYNE Verlag im Social Web

 Facebook
www.heyne.de/facebook

 Twitter
www.heyne.de/twitter

 Google+
www.heyne.de/google+

 YouTube
www.heyne.de/youtube

HEYNE